IWANAMI TEXTBOOKS

国際平和論

Mitsuhisa Fukutomi 福富満久

岩波書店

Wer aber vor der Vergangenheit die Augen verschließt,
der wird am Ende blind für die Gegenwart.

過去に目を閉ざす者は結局現在にも盲目となる．

ヴァイツゼッカー大統領ドイツ終戦 40 周年記念演説
(1985 年 5 月 8 日) より

序

　9.11米同時多発テロ以降，世界秩序と国際政治システム＝ウェストファリア体制は大きく変わったといわれる．国家主権や内政不干渉の原則が国際政治の根幹を成していた時代から，暴力がいとも簡単に国境を越え，国家主権に対抗する時代へと様変わりしたからである．しかし，相変わらず他方で，欧米諸国の権力や規範が今ほど強力に浸透しつつある時代もない．例えば，米国は，民主主義がテロのグローバル化を防ぐ，との口実から中東で力ずくの「中東民主化構想」を推し進めてきた．その結果がイラクへの侵攻であった．

　戦争がもはや政治の最終手段ではなく，1つの政治手段にまで下りてきた現代をどのように理解したらいいのだろうか．他方で，はるか以前に植民地支配から脱却した多くの国が依然としてこれまでの帝国主義的な支配の枠組みから解放されない現代をどのように理解したらいいのであろうか．世界は今やボーダレスな内戦状態にある，とはアントニオ・ネグリとマイケル・ハートの言葉だが，人類は，武力紛争のみならず，独裁国家による人権弾圧，貧富の格差と低開発問題，ネオリベラリズム（自由至上主義）による経済の不安定化や国際資本による搾取，石油などの資源収奪による歪み等，地球規模の「内戦状態」を解決できずにいる．

　ところが現代世界の諸問題は，政治学，経済学，社会学といった個別の学問領域の中だけで読み解くのが容易ではないことに理解の難しさがある．国際平和にアクセスするのに最も有効だと思われる国際政治学による分析視角をもってしても，上記の問題を読み解いていくことは容易ではない．なぜなら現代は学問領域を含む様々なレベルで境界線が消えており，地球規模で解決していかなければならない問題が絶え間なく生まれているためである．

　近年，日本全国の様々な大学で，グローバル社会学部や総合グローバル学部，グローバルスタディーズ学部や地球社会共生学部といった名称の学部が新設されており，また「国際平和論」や「グローバル社会平和論」という講義も続々と開講されている．それだけ地球規模での包括的な社会科学的分析視角が要請されているということであろう．

本書は，そうした近年の時代的要請に応えるべく，「国際平和論」のテキストとして用いられることを念頭において現代世界の諸問題について解決策はあるのか，なければ何が問題なのか，どのような国際政治システムが必要とされているのか，国際政治学に基礎をおきつつ隣接諸学を融合しながら，諸問題を学際的・包括的に理解し，解決するための枠組みを構築・提示していくものである．
　そのために2つの側面から問題にアプローチしていく．1つは，問題に焦点をあてて考えていく手法(issue-focused approach)である．目の前にある問題全体を把握してその複雑な文脈を様々な分析視角から解きほぐしていく考え方である．
　もう1つは，現実的な解決を志向する手法(solution-oriented approach)である．そもそも社会科学に課された使命は，机上の理論を組み立てるのではなく実現可能な解決策を模索し提示することだと考える．これらのアプローチは私が現在所属する一橋大学大学院社会学研究科地球社会研究専攻の創設以来の考え方でもある．
　したがって本書では，第1次大戦や第2次大戦，そしてその後の冷戦と冷戦終結後の国際秩序について，時系列で物事を追いながら，理論的な視点で理解を深めていくという一般的なアプローチをとっていない．その代わりに第2次大戦以降の平和について，過去から現在ではなく，すべて「現代世界の諸問題」に通じるようにテーマ設定してある．そうすることで現代を取り巻く諸問題全体を把握してあらゆる分析視角から検討し，現代における現実的な解決策を探っていくことが可能となろう．具体的には以下の構成になっている．

　第1章では，国際社会の誕生からナチス・ドイツまでを取り上げ，国家概念がナショナリズムを伝播し，ナチスがドイツ国民を飲み込んでいった様を見ていく．ナチス・ドイツのユダヤ人大虐殺は，決してあの時代の狂気に帰するべきものではなく，苛烈な競争社会の中で将来の不安とともに生きる我々にとっても決して無関係ではない．
　第2章から第5章までは，国際政治を見つめる様々な分析視角を論じ，国際社会がどのように平和を構築しようとしてきたか，平和の維持には何が必要なのか，覇権なのか，制度なのか，思考なのかについて考えていく．巨視的パースペクティヴからの覇権循環や貧困についても扱っていく．
　第6章は，冷戦終結を軸に，何が変わって何が変わらなかったのか，について

見ていく．民主主義が勝利したと叫ばれて以降，自由が世界の隅々まで拡大していくことが正義となった．力による民主化が唱えられ始めたとき，世界各地で軋轢が生まれ 9.11 米同時多発テロが発生した．個人が米国という史上最強国家にテロをしかけて以降，戦争の個人化が進み，信頼による民主主義ではなく疑いによる総監視社会が現れつつある．

　第 7 章から第 9 章までは，現代の紛争を考えていきたい．宗教，民族，資源を中心に何が紛争の引き金になるのか，何が分離独立の契機となるのか，パレスチナ，ユーゴスラヴィア，ルワンダ，ソマリアなど実際の事例を見ながら原因を探っていく．

　第 10 章から第 12 章までは，破綻した国家に対し，介入はどのようになされるべきかを見ていく．そして紛争後の世界をどのように構築していくべきか，紛争に至る前に手立てはないのかについて考えていく．シリア問題は，国際社会と国際社会が構成する国際秩序に重大な問いを投げかけている．大量虐殺に手を染める政府やその指導者は，ニュルンベルク綱領「人道に対する罪」で容赦なく犯罪者との烙印を押される．反体制派を「テロリスト」呼ばわりし，「正当な国家保安上の取り締まり」として大規模空爆を行うシリア政府は，犯罪者との烙印を押されることなく，自国民を殺害し続けている．なぜ，国連はシリアに対して人道的介入を行わないのだろうか．こうした問題について歴史，制度，思想から包括的に議論していく．

　第 13 章は，人間の安全保障について考えていく．アマルティア・センの潜在能力アプローチを参考にしながら，教育の効用や幸せの尺度について考察し，貧困撲滅への解決策を探っていきたい．

　第 14 章は，強力なリーダー不在の G ゼロ世界と地球社会の課題について論じる．米国を中心とした国際システム，あるいは米国が主導してきた国際機構や制度に変化はあるのだろうか．世界は多国間協調主義なき多極化が進み，米国主導で築き上げられてきた国際政治経済システムは有効性を失っていくといった将来を悲観する考えが広まっている．現代世界ではどのような世界秩序が構築されつつあるのか，新興国の台頭を含め多角的に検証していく．

　最後に，本書は講義「国際平和論」のためのテキストとして，国際平和や国際政治に関心がある学部学生がこれ 1 冊で現代世界の諸問題を理論，思想，現実の

3方向から包括的に理解できるように構成している．

　本書を執筆するにあたり土台としたのは，2010年から青山学院大学総合文化政策学部で担当している「国際平和論」と「国際政治学概論」である．ただし，教える側の視点から同じく担当している「平和思想の系譜」からも学生が知っておくべき思想を厳選して加えてある．また，一橋大学大学院社会学研究科で担当している「地球社会研究」と社会学部の私の国際政治ゼミナールで議論したことも合わせて論じている．

　自主学習を進めていく場合，理論や紛争の章は，順を追って理解していく方がわかりやすいと思われるが，基本的に章ごとに完結しているため，それぞれの関心に沿って頁を進めることも可能である．また，大学院で国際政治を学びたいと考えている者や国際関係の仕事に従事する社会人の方々の要求に耐えられるだけの質についても十分に確保していると自負している．

　なお，各章の冒頭にはキーワードをおき，ところどころにコラムを配してある．また，各章の終わりには，理解を深めるための読書案内を付し，巻末の文献には，その他に本書で依拠した先行研究・業績を一覧にしてまとめてある．いずれも重要な外国語文献，日本語文献を挙げているので役立てていただきたい．

　本書が，現代の地球社会の諸問題について立ち止まって考えるきっかけとなれば欣快の至りである．

　　2014年9月

　　　　　　　　　　　　　　　　　　　　　　　　　　　　　福富満久

目　次

序

第 1 章　国際社会の誕生とナショナリズム …………………… 1
 1　「理性の時代」の到来　　1
  (1)　ルネサンスと 30 年戦争　　1
  (2)　ウェストファリア条約　　2
  (3)　法と理性　　3
 2　国民意識の形成　　4
  (1)　ナショナリズム　　4
  (2)　ナチズム　　6
  (3)　「自由からの逃走」　　7
  コラム　日本のファシズム形成

第 2 章　覇権と国際政治 ……………………………………… 11
  ――リアリズムからネオリアリズムへ
 1　リアリズムと勢力均衡論　　11
  (1)　伝統的リアリズム　　11
  (2)　ネオリアリズム　　13
  (3)　2 極システム「恐怖の均衡」　　13
 2　防衛的リアリズムと攻撃的リアリズム　　15
 3　新たな抑止力としての先制行動原則　　18

第 3 章　理想と国際政治 ……………………………………… 23
  ――リベラリズムからネオリベラリズムへ
 1　リベラリズムと国際協調　　23
  (1)　覇権安定論への批判　　23
  (2)　国際レジームと相互依存　　25
 2　ネオリベラリズム　　27
  (1)　リベラリズムと制度論の融合　　27

(2) 国際制度とコミュニケーション　28
　　　(3) リベラリズムへの批判と進化　30
　　コラム　欧州連合(EU)

第4章　規範と国際政治 ……………………………………… 35
　　　　　──コンストラクティヴィズムと規範

　1　社会構成主義　35
　　　(1) 社会構成主義　35
　　　(2) 認知が変える世界　36
　　　(3) 国際規範の内面化　38

　2　国家と国際規範　39
　　　(1) 国際規範の遵守　39
　　　(2) 冷戦後のアイデンティティの変化　40

　3　コンストラクティヴィズムへの批判と課題　42

第5章　構造と国際政治 ……………………………………… 45
　　　　　──構造主義理論・世界システム論

　1　構造主義　45
　　　(1) 構造主義　45
　　　(2) 従属論の進化　47

　2　世界システム　49
　　　(1)「世界＝経済」　49
　　　(2) 世界システム論における覇権　50
　　　(3) 課題と評価　51
　　コラム　アジアとアフリカの運命を分けたもの

第6章　ソヴィエト崩壊と歴史の終わり ……………………… 55
　　　　　──民主主義は勝利したのか

　1　冷戦終結と「歴史の終わり」　55
　　　(1)「歴史の終わり」　55
　　　(2) 民主主義絶対正義論　56

　2　歴史の新たな始まり　59
　　　(1) 戦争の個人化　59

　　　　（2）民主主義とは何か　60
　　　　（3）「病的な均衡」　62
　　3　ポリアーキーの実現へ向けて　63
　　　コラム　分裂の危機に瀕するイラク

第7章　紛争と宗教・文化　……………………………………　67

　　1　紛争のかたち　67
　　　　（1）現代の紛争　67
　　　　（2）文明の衝突とその問題　68

　　2　パレスチナ問題　71
　　　　（1）帝国主義の犠牲　71
　　　　（2）三枚舌外交　71
　　　　（3）イスラエル独立と中東戦争　72
　　　　（4）頓挫した中東和平　73
　　　　（5）イスラエルによる壁の建設　74

　　3　ユーゴスラヴィア紛争　76
　　　　（1）冷戦終結の影響　76
　　　　（2）ボスニア・ヘルツェゴヴィナ紛争　78
　　　　（3）コソヴォ紛争　79

　　4　政治が利用する宗教対立　80

第8章　紛争と民族・領土　……………………………………　83

　　1　アフリカの紛争　83
　　　　（1）ルワンダ内戦——植民地支配の犠牲　83
　　　　（2）ソマリア内戦——国連介入の失敗例　84

　　2　紛争の理由　86
　　　　（1）アイデンティティの争点化と正当性　86
　　　　（2）政治制度の問題　88
　　　　（3）国家エリートの妥協　89

第9章　紛争と資源　……………………………………………　93

　　1　紛争と資源　93
　　　　（1）オランダ病　93

(2)「資源ののろい」とレンティア国家論　94
　　　(3)　石油と脆弱国家　96
　　　(4)　天然資源と国家の破綻　98
　　2　内戦の理由　100
　　　(1)　4つの変数　100
　　　(2)　長い負の遺産　102
　　コラム　チェチェン紛争

第10章　軍事介入と国際連合 …………………………… 105

　　1　軍事介入と国際連合　105
　　　(1)　制裁決議案のゆくえ　105
　　　(2)　シリア問題に見る国連の対応と各国の思惑　106
　　2　国連の介入姿勢の変化　108
　　　(1)「平和への課題」と改革の頓挫　108
　　　(2)「保護する責任」論　110
　　　(3)　人道的介入と安保理決議の必要性　112
　　コラム　紛争のあおりを受けるモザイク国家レバノン

第11章　軍事介入の論理 ………………………………… 115

　　1　軍事介入の論理　115
　　　(1)　道徳的アプローチ　115
　　　(2)　歴史的アプローチ　117
　　2　責任を引き受ける　119
　　　(1)　道徳的切り札としての人権　119
　　　(2)　ミニマリズムの追求　120
　　3　制度的アプローチの追求　122

第12章　平和構築と権力分有（パワーシェアリング）……… 125

　　1　平和構築とは何か　125
　　　(1)　消極的平和と積極的平和　125
　　　(2)　平和構築(支援)活動と治安分野改革　126
　　2　パワーシェアリング(権力分有)　128
　　　(1)　複合型パワーシェアリング　128

　　　　（2）自治権付与　130
　　　　（3）外国の援助　132
　　　　（4）CPS の可能性　133

第 13 章　人間の安全保障 …………………………………………… 135
　1　人間の安全保障　135
　　　　（1）アマルティア・センの開発論　135
　　　　（2）教育の効用　136
　　　　（3）「人間の安全保障」論　137
　　　　（4）開発と平和　138
　2　貧困削減への取組み　141
　　　　（1）貧困削減戦略ペーパー　141
　　　　（2）貧困削減戦略とグローバル正義論　141
　　　　（3）NGO の活動　143
　　　コラム　平和・戦争を包括的に知る様々なデータと指標

第 14 章　G ゼロ世界と地球社会の課題 ……………………………… 147
　1　新しいリーダー　147
　　　　（1）アジアの台頭と中国　147
　　　　（2）BRICS の経済発展　148
　2　G ゼロ世界　151
　　　　（1）リーダー不在の世界　151
　　　　（2）不安定化するアジア　152
　　　　（3）米国の覇権　153
　　　　（4）G3 の世界へ　155

　参考文献　159
　あとがき　163
　事項索引　165
　人名索引　171

第 1 章

国際社会の誕生とナショナリズム

> Keywords　ウェストファリア体制　主権　国際法　相互不可侵　アムネスティ　想像の共同体　ナショナリズム　ファシズム　ナチス

1　「理性の時代」の到来

（1）ルネサンスと 30 年戦争

　近代国際政治を彩る主権や国家概念は，ヨーロッパにおいて 14 世紀から 15 世紀に始まる古代ギリシア・ローマの文化的な復権運動「ルネサンス」を起点としている．近代の政治(politics)の語源は，古代ギリシアの都市国家ポリス(polis)にあるように，政治とは何よりも，混乱した中世社会から脱却し，ポリスの精神を復興することだった．このギリシアのポリスで重要視された公的空間への「参加」と，ローマ時代に認められることとなった広大な領域の「支配」への回顧によって，「自由(libertas)」が再構築されることとなり，統治と自由，国家と社会の区別が次第に現れるようになっていった．

　さらに，中世末期から始まる宗教戦争で，それまで社会を支配してきた教会とローマ教皇の権威は完全に失墜し，神の支配や人の支配による政治社会は，法の支配へと導かれ，ここにようやく「理性の時代」が到来するのである．

　しかし，国際社会において，本当の「理性の時代」が到来するまでには，現在のドイツの地で 1618-48 年の 30 年に及んだ長い戦争を経なければならなかった．ハプスブルク家の支配下にあるボヘミア（現在のチェコ中西部）で，1617 年，ボヘミア王に選出されたカトリック教徒のフェルディナント 2 世（後の神聖ローマ皇帝）がプロテスタントに対する弾圧を始めると，1618 年，弾圧に反発したプロテスタントの民衆がプラハ王宮を襲撃し国王顧問官ら 3 名を王宮の窓から突き落とすという事件（プラハ窓外投擲事件）が起きた．プロテスタントのボヘミア諸侯も，この事件を機に反ハプスブルクとして立ち上がった．これが 30 年戦争の始まりである．

戦争は，のちになるほど激しさを増し，30年戦争の最終段階では熾烈な戦闘が繰り広げられた．傭兵を雇っての戦争は国家財政を圧迫することとなり，最終的には財政基盤が強固だったハプスブルク家支配下のボヘミアとファルツがプロテスタント勢力に勝利した．ハプスブルク家の影響力がドイツ全域に広がっていくことを恐れたフランス宰相リシュリューは，同じカトリックでありながら，ハプスブルク家によるドイツ支配を阻止すべく，デンマーク，スウェーデンなどのプロテスタント派諸国と結束し介入を図った．宗派に関係なく勢力均衡がもたらされたことで，1648年，30年戦争は終結することになるが，このとき神聖ローマ帝国で締約された講和条約がウェストファリア条約である．

(2) ウェストファリア条約

ウェストファリア条約は，近代における国際法発展の基礎として現代世界まで影響を与えることとなる．というのもこの条約によって，ヨーロッパにおいて30年間続いたカトリックとプロテスタントによる宗教戦争は終止符が打たれ，条約締約国には，相互不可侵の原則の下，領土内の法的主権が約束されたからである．そしてこれを元に，ヨーロッパの秩序が形成されていくこととなる．この秩序をウェストファリア(ヴェストファーレン：Westfälischer)体制という(図1)．

しかし，より重要なのは国家における領土権，領土内の法的主権(sovereignty)に加えて主権国家による相互不可侵の原則が確認され，近代外交および現代国際法の根本原理が確立されたことである．また，被害を与えた側の責任を免除するアムネスティ(大赦)条項も初めて規定された．戦犯に関しても講和条約が成立すれば，特別の例外規定がない限り釈放されることが取り決められた．その意味で同条約は，近代国際法の祖と位置づけられているのである．

17世紀には，神聖ローマ帝国，フランス王国，スウェーデン王国，イングランド王国，オランダ(ネーデルラント連邦共和国)によってウェストファリア体制は維持され，18世紀には，グレートブリテン王国，ハプスブルク帝国，フランス王国，プロイセン王国，ロシア帝国の5強体制となった．19世紀初頭に，ナポレオン戦争をもって完全に崩壊するものの，逆にこれをもって勢力均衡を維持していくことが，国際秩序の安定に寄与すると認識されるようになった．

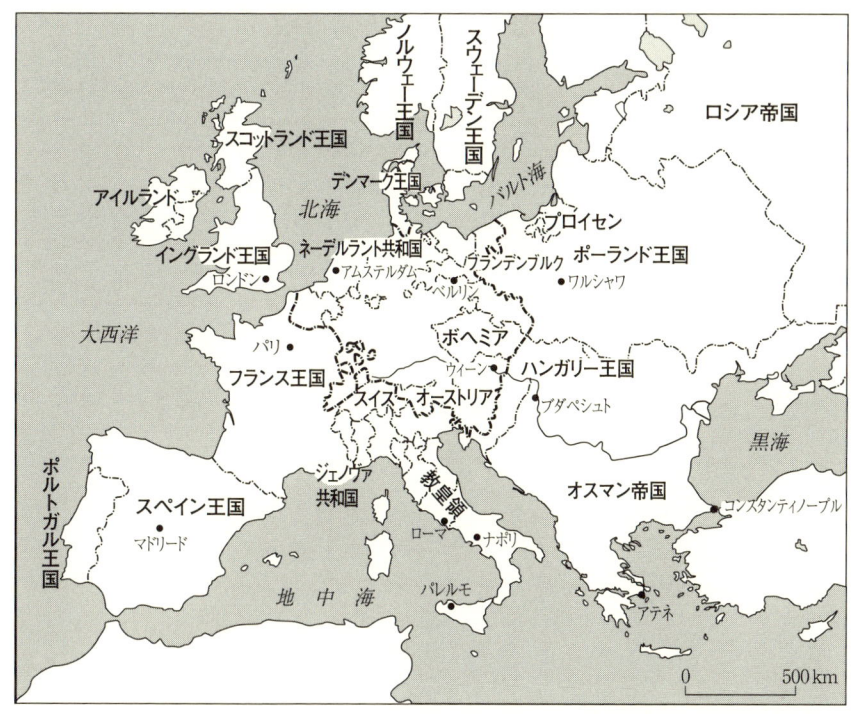

図1 ウェストファリア体制下における欧州(1648年).太線は神聖ローマ帝国の境界

(3) 法と理性

中世より欧州の発展を担ってきたイタリア,フランス,オランダ,イギリスで,政治,経済,法,哲学的観点からも,その後の国際秩序と国際法の礎を築くことになる主張がなされた.

イタリアの政治思想家ニッコロ・マキャヴェリ(1469-1527年)は『君主論』(1532年)で,国家運営は宗教から切り離して考えるべきとする現実主義的政治理論を展開した.

貨幣数量説を唱え,重商主義の先駆者的存在となったフランスの経済学者ジャン・ボーダン(1530-96年)は,フランス国内を二分した宗教戦争・ユグノー戦争(1562-98年)の只中に著した『国家論』(1576年)で,近代的な主権論を説き,中央集権国家こそが繁栄をもたらすことができると論じた.

また,オランダの法学者フーゴー・グロティウス(1583-1645年)は,『自由海

論』(1609年)で,すべての国家は,海上で展開される貿易のために国際的領域である海を自由に使うことができると主張,さらに,『戦争と平和の法』(1625年)で戦争が法による規制を受けるべきであることを論じた.

そして条約締約後,イギリスの哲学者トーマス・ホッブズ(1588-1679年)は,『リヴァイアサン』(1651年)で「私たちはこの世にいるかぎり,精神の永遠の静けさはない」として万人による闘争状態を抜け出すためには,自ら進んで国家に守ってもらうことだと述べ,暴力装置に他ならない国家機構に安全装置としての役割を見出したのだった.

すべての人間に「理性」が内在するように,国家にも「理性」が備わっているのではないか.こうした希望が「知の営み」とともに,国内統治のみならず,国家間の利害関係を調整する原理「国家理性(raison d'État)」論として広まることとなった.

2 国民意識の形成

(1) ナショナリズム

ウェストファリア体制は,国家(ネーション)の形成に寄与したが,他方でナショナリズムを伝播した.そもそもナショナリズムとは何か.そしてその源泉となるネーションとは何を指すのか.なぜナショナリズムが戦争につながるのだろうか.

米国を代表する国際政治学者ジョセフ・ナイは,『国際紛争 理論と歴史』(2013年)の中で近代ナショナリズムは,フランス革命によってもたらされた,として,以下のように説明している.「中産階級の登場は,伝統的な政治・社会パターンを揺さぶった.勃興途上のさまざまな政治勢力は,もはや国王によって規定されるフランスという国家を望まず,民族によって規定されるフランスを望んだのである.外的に言えば,ナポレオンの軍隊はヨーロッパ中を進軍し,〔それぞれの土地で〕社会を揺さぶり,ドイツ語圏の人々やその他の集団にナショナリスティックな感情を呼び起こしていった.19世紀中葉までには,それぞれの民族がそれぞれの国家を持つべきだ,という考え方が広範に支持を集めるようになったのである」.

確かにナイが指摘するように1789年のフランス革命以降,自由な個人からな

る社会が国家を規定し軍事力と徴税能力を握って一定の領域を支配する新しい政治形態が生まれた．そして，1804年，ナポレオンが新たな皇帝となったことで，中世的権威世界が終わりを告げた．神聖ローマ皇帝の座が最終的に廃されたことで，皇帝の権威はもはや過去のものとなり，国家の支配は主権者たる国民によって正当化されることが重要になった．このようにして君主の威光による支配から，社会の承認の下に支配者が統治を行う国民国家が求められるようになったのである．

　ところがヨーロッパ諸国が先を争うようにアジア・アフリカ・ラテンアメリカでの植民地獲得に乗り出し，植民地を自国経済システムに組み込むようになったとき，1つの民族が国家を持つという国民国家観は，国民国家を有していないところでナショナリズムを駆り立て，非妥協的で激しい闘争を引き起こした．それは第一義的には，民族的・宗教的・言語的共通性が争点となったためである．

　では，ナショナリズムは必ず民族的・宗教的・言語的共通性を争点とするのだろうか．だが，民族的共通性といっても，多民族国家の米国は1つの国家であり，ナイジェリアのように約250の民族が1つの国家を構成しているところもある．言語の共通性についても，スイス（イタリア語・ドイツ語〔アラマン語〕・フランス語・ロマンシュ語）やベルギー（フラマン語・フランス語）は言語的に多様だが，一国家を形成する．宗教的共通性も，アラブ諸国がどれだけの国家から形成されているかという事実をとっても，説明できない．

　大切なのは，何であれ共通の一体感を有する人間集団が，自らを「国民」だと認識することである．『想像の共同体』を著した歴史学者ベネディクト・アンダーソンによれば，「国民国家」というのは1つの創造物であり，その起源は，「国語」の書物が印刷されて広く普及し，1つの地域の共通・共有のきずなとされることに始まるという．

　アンダーソンは，ナショナリズムの高揚・国民国家の形成が急速に進展した理由として，出版物がコミュニケーションの場を提供し，言語を同じくする数十・数百万の限定された人々がそこに所属するという共通認識が生まれたと説明する．つまり，人間の宿命である言語的多様性と，資本主義と印刷技術の結合（出版資本主義）によって，新たな「想像の共同体」としての国が誕生したというのである．

　しかし，重要なのは，すべての個人が多くのことを共有することより，19世

紀フランスの哲学者エルネスト・ルナンがいうように，多くのことを忘れていなければならないということではないだろうか．なぜならば，境界線を忘れずにいるということは，我々と彼らを区別し他者を常に異質な存在として意識するということに他ならないからである．

人類学者アーネスト・ゲルナーは，ナショナリズムとは，「政治的な単位と民族的な単位が一致しなければならないと主張する1つの政治的原理である」と述べている．ナショナリズムは裏を返せば，異質なものを排除する「従うべき規範」になる可能性を秘めているということである．危険なのは，ナショナリズムがある個別の集団に利用されてしまうときである．

(2) ナチズム

世界恐慌と経済困窮にある社会で，ナショナリズムを利用してそれまでの国家機構を解体し強化した代表的なものにナチスの例が挙げられる．ナチスの正式名称は，国家社会主義ドイツ労働者党(Nationalsozialistische Deutsche Arbeiter-partei)，その頭文字を略して，ナチあるいはナチスと称される．ナチスが出現する以前のドイツは，ヴァイマル憲法下の民主主義体制であった．同憲法の最大の特徴は国民主権を謳うなど，人権保障規定の斬新さにあった．当時は世界で最も民主的な憲法とされ，社会保障などを規定した現代憲法への転換がこのヴァイマル憲法によってなされた．また，一定数の有権者による国民請願や国民投票など，直接民主制の要素も部分的に採用されていたことで世界各国の模範となっていった．だが，この民主憲法の下でナチスは政権を掌握するのである．

第1次大戦の講和条約ヴェルサイユ条約(「連合国とドイツとの講和条約」)が1920年1月10日に批准され，その結果ドイツとその同盟国は戦争を引き起こした責任として，莫大な賠償金(GDPの2.5年分～10年分)が課せられることとなった．1923年1月，ヴェルサイユ条約の賠償金の支払い遅延を理由にフランス軍がドイツの工業地帯であるルール地方を占領する(ルール問題)と，ヴィルヘルム・クーノ首相はサボタージュによる抵抗を呼びかけ，ミュンヘン一揆(ドイツの南部・スイスとの国境付近)が発生した．工業の停止と，占領によって生じた損害への補償のため，政府は通貨の増刷などで対応するが，インフレーションが激化し物価高騰を招いてしまった．当時のドイツは少数政党の乱立が起きやすい比例代表選挙制度で，内閣は複数政党の連立内閣となることを余儀なくされ，有

効な政策がとれず，政権は安定を欠くものとなった．

　1928年，初めての国政選挙に挑んだナチスは反ヴェルサイユ感情を支持獲得につなげて12人を当選させることに成功した．しばしば歴史上の為政者はナショナリズム形成プロセスが自らの政権基盤の強化に資することを知り，革命に利用してきたが，さらに1929年の世界恐慌で，経済がますます立ち行かなくなると，ナチスが広範な支持を集めていくこととなった．1930年には，500人足らずだった党員数が5年後には29万人を記録した．

　1932年7月31日，国会議員選挙で，ナチスは全584議席中230議席を獲得しついに第1党となった．1933年1月30日，パウル・フォン・ヒンデンブルク大統領は，憲法53条に従ってナチ党党首アドルフ・ヒトラーを首相に任命した．ヒトラーは，「党がドイツ民族を指導する」として，党による独裁を強化していった．鉤十字の党旗を省庁，官公庁の建物に掲揚し，全国の警察署などの国家機関にも掲げさせた．ヒトラーは1933年3月23日，全権委任法を自ら率いる党員が占める国会で承認させ，立法権を国会から自分に委譲させることに成功した．7月には政党禁止法によりナチ党以外の政党は禁止された．また，これに前後してヴァイマル憲法に定められた基本的人権や労働者の権利のほとんどは停止されることになるのである．

　この時点でのナチスの勢力は，突撃隊（SA: Sturmabteilung）450万人，親衛隊（SS: Schutzstaffel）5.2万人，党員390万人，うちナチス・ドイツ医師同盟（1.5万人），ナチス・ドイツ法律家団（6.3万人），ナチス教師同盟（26.2万人），等からなる巨大な組織となっていた．そしてこのヒトラー内閣の成立後には党員が飛躍的に増え，最終的には，1943年5月で全人口の約10%にあたる760万人に達した．それは当時のドイツ人の成人男子の3,4人に1人がナチ党員になったことを意味した．

(3)「自由からの逃走」

　ドイツの有名なファシズム研究者エルンスト・ノルテは，1966年に発表した『ファシズムの時代』の中で，第1次世界大戦終結の翌年から，第2次世界大戦がナチス・ドイツの敗北によって終わった1945年までを「ファシズムの時代」と呼んでいる．1922年10月31日，イタリアにムッソリーニ政権が誕生し，さらに世界恐慌を経てドイツでヒトラー政権が誕生するが，ファシズムは第1次世

写真1　アウシュヴィッツ絶滅収容所で犠牲となった人たち
（2013年3月5日，アウシュヴィッツ収容所にて筆者撮影）

界大戦後に樹立された米英仏に代表される先進的帝国主義諸国中心の国際協調主義を建前とする世界秩序（ヴェルサイユ＝ワシントン体制）に対する後発的帝国主義諸国の力による挑戦でもあった．

　見落としてはならないのは，ナチスは決して突然に独裁体制を敷いたわけではなく，民主憲法の下で市民の支持を得て選挙で勝ち上がり，その地位を築いたということである．

　ドイツの社会心理学者エーリッヒ・フロムは『自由からの逃走』（1941年）の中で，このナチスが出現してきた背景を社会に焦点を合わせて細かく調べていくととても興味深いことがある，として，多くのドイツ国民がサディズムとマゾヒズム的両極傾向を示す「権威主義的パーソナリティ（autoritäre Persönlichkeit）」を有していたと述べ，ナチス台頭の理由をヒトラーの指導力にあるのではなく，「強い者への服従」と「弱い者への攻撃」を特徴とする社会の病理的性格構造にあるとした．

　興味深い点は，その病理的性格構造がユダヤ人への攻撃に変容していく過程である．「ドイツでは，第1次大戦後，独占資本主義によっておびやかされたのは中産階級，特に下層中産階級であった．こうして中産階級の不安とそこから生ず

第1章　国際社会の誕生とナショナリズム

る憎悪が生まれた．そして中産階級は恐慌状態に陥り，無力な人間を支配しようとする渇望と，隷属しようとする渇望でいっぱいになった」とフロムは述べる．

　強力なリーダーシップを発揮した人物ヒトラーにドイツ国民は，強くて責任感のある父を見出した．心理的な同一化はファシズムの特徴でもある．自分より上位にあると認める者に従順な社会は，社会的権威や政治的権力，支配的価値観に対して卑屈で弱腰であり，簡単に跪く．そしてその不満を今度は，自分より下位にある社会的弱者・政治的マイノリティにぶつけていくのである．その犠牲となったのがユダヤ人や障害を持つ人々であった．

　現在でもドイツやフランスは比例代表制をとっているが，阻止条項が設けられており，全国で得票率5％以下の政党は政党の成立要件を満たしていないとして議席配分が認められていない．これはカルト教団や急進派の議会進出を阻むためである．

　フロムは，ナチスから逃れ米国に亡命し，ニューヨーク大学などで教授を務めた後，1980年，80歳で亡くなった．戦争で負けた敵国のフランスや英国のために，賠償金を払う屈辱を味わっていた当時の社会経済情勢と，ドイツ社会の持つ権威主義的パーソナリティが組み合わさると，どのようなことが起きるか，ということを精神心理学と社会学から分析してみせたのであった．

●コラム　日本のファシズム形成

　ヴェルサイユ体制の柱である国際連盟からの脱退を決定的とした1931年9月の満洲事変は，出先軍部の暴走であるが，日本の後発帝国主義国としての生存圏確保を目指したものとして理解できる．日本の国際連盟離脱は最も早く1933年3月27日，ドイツは同年10月14日，イタリアは1937年11月6日の日独伊防共協定成立を経た後の同年12月11日である．日本は，米英本位の白人帝国主義の支配としてヴェルサイユ＝ワシントン体制を捉え，反感や憎悪を引き出して動員，ヨーロッパ—独伊の軸に加えて，極東—日本の軸が形成され，世界は第2次大戦へと突入していくのである．

理解を深めるための読書案内

　アーレント，ハンナ『全体主義の起原1——反ユダヤ主義』大久保和郎訳(みすず書房，

1972 年).
アーレント,ハンナ『全体主義の起原2——帝国主義』大島通義・大島かおり訳(みすず書房,1972 年).
アーレント,ハンナ『全体主義の起原3——全体主義』大久保和郎・大島かおり訳(みすず書房,1974 年).
アンダーソン,ベネディクト『定本 想像の共同体』白石隆・白石さや訳(書籍工房早山,2007 年).
ヴァイツゼッカー,リヒャルト・フォン『言葉の力 ヴァイツゼッカー演説集』永井清彦編訳(岩波現代文庫,2009 年).
ヴァイツゼッカー,リヒャルト・フォン『新版 荒れ野の40年——ヴァイツゼッカー大統領ドイツ終戦40周年記念演説』永井清彦訳(岩波ブックレット,2009 年).
カント,イマニュエル『永遠平和のために』宇都宮芳明訳(岩波文庫,1985 年).
クラウゼヴィッツ『戦争論(上・中・下)』篠田英雄訳(岩波文庫,1968 年).
ゲルナー,アーネスト『民族とナショナリズム』加藤節監訳(岩波書店,2000 年).
小坂井敏晶『増補 民族という虚構』(ちくま学芸文庫,2011 年).
ナイ,ジョセフ・S., デイヴィッド・A. ウェルチ『国際紛争 理論と歴史[原書第9版]』田中明彦・村田晃嗣訳(有斐閣,2013 年).
ニューマン,ジュディス・S.『アウシュヴィッツの地獄に生きて』千頭宣子訳(朝日選書,1993 年).
ノルテ,エルンスト『ファシズムの時代——ヨーロッパ諸国のファシズム運動1919-1945(上・下)』ドイツ現代史研究会訳(福村出版,1972 年).
フランクル,ヴィクトール・E.『夜と霧 新版』池田香代子訳(みすず書房,2002 年).
フロム,エーリッヒ『自由からの逃走』日高六郎訳(現代社会科学叢書,東京創元新社,1966 年).
ホブズボーム,エリック・J.『ナショナリズムの歴史と現在』浜林正夫ほか訳(大月書店,2001 年).
マウ,ヘルマン,ヘルムート・クラウスニック『ナチスの時代——ドイツ現代史』内山敏訳(岩波新書,1961 年).
山口定『ファシズム』(岩波現代文庫,2006 年,有斐閣選書,1979 年).
吉田裕『兵士たちの戦後史』(岩波書店,2011 年).
吉田裕『アジア・太平洋戦争』(岩波新書,2007 年).
吉田裕『日本人の戦争観——戦後史のなかの変容』(岩波現代文庫,2005 年).
吉田裕『昭和天皇の終戦史』(岩波新書,1992 年).
ルナン,エルネストほか『国民とは何か』鵜飼哲ほか訳(インスクリプト,1997 年).

第2章

覇権と国際政治
――リアリズムからネオリアリズムへ

> Keywords　勢力均衡論　集団的安全保障　2極システム　多極システム　パクス・アメリカーナ　防衛的リアリズム　攻撃的リアリズム　抑止力　大量破壊兵器　先制行動原則

1　リアリズムと勢力均衡論

(1) 伝統的リアリズム

　1648年, 勢力均衡, 内政不干渉の原則が確立されたウェストファリア体制は, その後のヨーロッパにおける安全保障の論理的支柱となり, 19世紀のウィーン体制を出現させた. だが, 第1次世界大戦によって, 勢力均衡システムが崩壊すると, 大戦争を防止できなかった反省から, 諸大国は集団的安全保障を目指し, 国際連盟規約による管理を試みた.

　ウッドロー・ウィルソン米大統領は, 硝煙まだ消えやらぬ1917年1月, 後に有名となる「勝利なき講和」演説で,「この戦争(第1次世界大戦)が新しい勢力均衡を探るためだけの戦争だとしたら, 誰が新しい勢力均衡を保障するのだろうか. また誰が保障できようか. ヨーロッパの平穏は, ヨーロッパが安定することでしかなされない. 今求められているのは勢力均衡ではなく, 力の結集であり平和の共有である」と述べた.

　1918年には連邦議会で軍備の縮小や国際平和機構の設立を提案した14ヵ条の原則を全世界に向けて提唱, 翌1919年パリ講和会議開催後, 同年ヴェルサイユ条約が締結され, 国際連盟(League of Nations)が始動した.

　ところが, 平和の共有はなされず, 大国間関係は権力政治に逆戻りしてしまった. 1921年11月から1922年2月までワシントンD.C.で開催された「ワシントン会議」で取り決められたワシントン海軍軍縮条約は, その権力政治の最たるものであろう. 列強の戦艦・航空母艦(空母)等の保有・建造の制限が取り決められ

たこの条約で，英：5.25，米：5.25，日：3.15，仏：1.75，伊：1.75の割り当てとなり，日本は「ワシントン体制」下で不満を鬱積することになった．

日本は1934年12月に条約破棄を通告，1936年(昭和11年)12月に本条約は失効，さらに日本は1936年1月にロンドン海軍軍縮会議からも脱退した．これ以後，世界は制限なき軍艦建造競争時代に突入し，最終的に第2次世界大戦へと帰着するのである．

第2次大戦後も国際連盟規約を強化した国際連合憲章を採択したが，大国間関係はその後も冷戦という権力闘争に陥ることとなった．ドイツ出身の国際政治学者ハンス・モーゲンソーは『国際政治』(1948年)で，権力闘争に陥る原因について，人間の権力欲がある限り，国家も権力闘争から逃れることができないと述べ，勢力均衡のメカニズムを解明することが，近代国際システムに安定をもたらし，諸大国の共存と自律性を保証すると論じた．

このモーゲンソーの「人間性」リアリズムは，古典的(伝統的)リアリズムと呼ばれ，1940年代後半から，1970年代の初期まで，国際関係論を組み立てるうえで中心となった．ニクソン政権およびフォード政権期の国家安全保障問題担当大統領補佐官，国務長官を務めたヘンリー・キッシンジャーは，モーゲンソーの考えを踏襲して，勢力均衡は，権力間に秩序形成に必要な正当性規範を醸成し，拡張主義を物理的に抑制してくれると信じ実務にあたっていた．

確かに近代国際政治史を振り返ると，モーゲンソーのような伝統的リアリストの見解通り，権力政治に陥った大国間関係は，勢力均衡の論理による実践が繰り返し展開されてきたことがわかる．中央に最高権威が存在しない無政府状態(アナーキー)にある国際システムでは，自国の安全や権利を主張する大国間で権力闘争が常態化する．このような状態では，諸大国の権力分配に均衡が生じている状況，つまり勢力均衡こそが国際関係に秩序と安定をもたらす．

モーゲンソーに続いて政治学者モルトン・カプラン，スタンレー・ホフマン，リチャード・ローズクランスらリアリストも，国家の振る舞いを説明する体系理論の構築に挑んだ．彼らも全体として国際政治の無秩序状態に焦点を合わせながら，戦争と平和が交互に出現する理由について，諸国間の不和や協力を国家間関係から体系だった説明を模索した．

（2）ネオリアリズム

　だが，のちに国際政治学の権威となるケネス・ウォルツにとって，国際システムは，予測できる行動をとる国家によって相互に影響を与える国家間関係だと映った．古典的（伝統的）リアリズムによると，国際関係は，第１に，主権国家のみがアクターである．第２に，国家は単一の主体として行動し，人間の権力欲に根差したパワーとして定義される国益を追求する．第３に国家は合理的に行動する．しかし，国家のある政策や行動は，指導者の人間性や国民性，あるいは政治制度だけによって決まるのではなく，国境を接する隣国の政策や行動によっても影響を受けるのではないか．

　ウォルツは，このように国際関係を単に無秩序だとして国家の動きを理解するだけでは不十分であると述べ，理論とは，「世界政治において勢力均衡の周期的形成や，権力の配置の変化がなぜ世界政治における紛争や提携のパターンに影響を与えるのか，を我々に教えてくれるものでなければならない」として自己救済（self-help）の原則を特徴とした国際システムでは，権力欲に根差した攻撃的行動からではなく，恐怖に対する国々の防衛的行動こそが，勢力均衡をもたらすと論じたのである．そして「勢力均衡とは，国家の安全を保障するのに最も効力を発揮すると考えることもできれば，戦争の元凶として忌避するべきものと考えることもできる」と述べ，勢力均衡それ自体も単に国家の拡張主義的行動の帰結として論じることはできないと疑義を呈したのである．

（3）２極システム「恐怖の均衡」

　では，権力関係をうまく制御して国家間に安定状態を確保することは可能だろうか．国家間の権力政治が激化した帰結としての戦争に陥らないようにするためには，どのようにしたら良いのだろうか．覇権的権力を持った超大国の主導権をその他の主要国が受け入れることによって権力関係を階層化・安定化させる，いわゆる覇権安定論（hegemonic stability theory）からの説明がある．しかし，これには２つの問題がある．

　１つ目は小国にとって，強国を率いる好戦的・拡張主義的な指導者が近隣に出現した場合，経済成長によって力をつけるまでにはたいてい時間を要するため，同盟の選択肢しかないが拡張国家と同盟を結んで「便乗（bandwagoning）」すれば，ゆくゆくは服従を強いられ支配される可能性があるということである．

2つ目は，権力が数ヵ国に分散した多極システム（multipolar system）下で，もし小国が自己保存に走れば，「フリーライド（ただ乗り）」の問題に直面することとなり破綻するということである．すなわち，小国にとって連合への参加は，一歩間違えば戦争に巻き込まれる危険を伴う．その問題を回避するため，連合に参加せず，責任転嫁によって，均衡化の仕事を他国にまかせることが合理的選択となる．こうした行為が国家間で繰り返されると勢力均衡が実現されることはない．つまり覇権国のみがそうした財を提供する役回りを引き受けるのであれば，覇権国以外の国々はその公共財に「ただ乗り」できることになり，長期的には覇権国と非覇権国との間でパワー差が縮小する．このことは論理的帰結として，覇権システム自体が時間の経過とともに成り立たなくなることを含意する．

　では，こういった問題をウォルツをはじめとするネオリアリストは，どのように解決するのだろうか．ネオリアリストは最終的に，勢力均衡のジレンマは2極世界（または2極システム：bipolar-system）で最小になると主張する．2極世界においては，当事国は軍事的に同盟国の能力に頼っているわけではなく，自らの能力に頼るほかない．つまり，「対内的」手段によって，相手と対峙することができる．

　対内的バランシングの方が対外的バランシングより，あてになるし正確である．国家は敵対する国家連合の力や信頼性を誤って判断することはあっても，自国の相対的国力を誤って判断することは少ないからだ．不確実性と誤算は，戦争の原因となる．しかし，2極世界においては，不確実性は少なく，計算は容易である．すなわち，二分された権力構造の中で国家行動は制約され，秩序化された行動が構造の安定性を高めるのである．

　ウォルツのネオリアリズムが注目されたのは，1979年の冷戦の只中において，恐怖の均衡こそが安定に資する，という逆説的な説明を行ったからであった．5，6ヵ国以上の大国からなる世界と現在では，どちらが好ましいだろうか．核によって対峙していても，2極構造の方が危険が少ない，と論じたのである．なるほど，表1を見ても，ウェストファリア体制の確立以降，これまで世界は最も安定していたことがわかる．これは，各陣営の盟主である超大国が陣営内の秩序を維持する強い意思と物理的能力を持つ一方，均衡化の責任を他国に転嫁できない立場にあるため，責任転嫁問題がうまく管理されたからだととれる．

　多極世界の大国間政治においては，誰が誰にとって危険であり，誰が脅威や問

表1 ヨーロッパで起きた戦争(1792-1990年)

	戦争の数		戦争状態		致死度
	大国vs大国	大国vs小国	戦時年数	戦時年数の割合(%)	軍人死者数(万人)
2極構造：46年(1945-90年)	0	1	1	2.2	1
安定した多極構造：109年 (1792-93, 1815-1902, 1919-38年)	5	9	20	18.3	120
不安定な多極構造：44年 (1793-1815, 1903-18, 1939-45年)	1	5	35	79.5	2,700

＊ Mearsheimer, 2001, p.357 より筆者作成.

題に対処するのかが不確実である．2極世界の大国間政治においては，誰が誰に対して危険であるかは疑いの余地もない．恐怖に対する防衛的行動と，服従による便益提供の組み合わせが，西側諸国にとっての「パクス・アメリカーナ(米国による平和)」に帰結した，ということができよう．

2　防衛的リアリズムと攻撃的リアリズム

1987年，冷戦期末期に歴史学者ジョン・L.ギャディスは『ロング・ピース』で，米・ソ対立時代は，実は平和の時代だったのだ，という議論を展開し，一躍脚光を浴びることとなった．ウォルツの述べた2極世界が最も安定するとした議論を補強したこの議論によって，ウォルツの議論もまたその有用性と分析力が再評価された．

だが，ウォルツのネオリアリズムへの疑義がネオリアリストの中から提出されることとなる．シカゴ大教授でネオリアリストの代表的論客ジョン・J.ミアシャイマーは，『大国政治の悲劇』(2001年)において，18世紀末以降のヨーロッパにおける戦争について分析を行い，2極世界が最も安定するというウォルツの見立てには賛同するが，自己保存原則と権力構造によって勢力均衡を説明しようとするウォルツの理論では，現状の国際関係を維持することに専念する現状維持国(status-quo states)のみが想定され，その結果権力の拡大を企てる修正主義国(revisionist states)の行動を説明できず，戦争の深淵までは触れることができないとしたのである．

これ以降，リアリストの中でも，アナーキー下において国家は既存の勢力均衡

表2　リアリストの主要理論

	人間性リアリズム	防衛的リアリズム	攻撃的リアリズム
国家が覇権を追求する理由	国家に備わっている覇権への欲望	システムの構造	システムの構造
国家が追求する覇権	最大限獲得を目指す．国家は相対的な覇権を最大化し，最終的な目標を覇権達成に設定	持っている以上のものは求めない．国家は既存の勢力均衡の維持に集中	最大限獲得を目指す．国家は相対的な覇権を最大化し，最終的な目標を覇権達成に設定

＊ Mearsheimer, 2001, p.22 より筆者作成．

の維持に集中すると考える者を防衛的リアリスト，国家は相対的な覇権を最大化しようとすると考える者を攻撃的リアリストと呼ぶようになった．

　そもそも大国とは何だろうか．大国はなぜ権力を志向するのだろうか．ミアシャイマーによれば，大国とは，究極的には「他国を圧倒的に凌駕する軍事力を有し，それを支える人口と経済力を持つ国」と定義される．国際システムでは，潜在的な覇権国に対して支配的地位にある国家は，自らの地位をみすみす手放すような真似はしない．大国は現状の権力の配置に満足しているという場合はほとんどない．反対に自らの有利な配置に変えたいとの誘惑に常時駆られているのである．「大国はほとんどだいたいにおいてそれが合理的なコストで為し得るのであれば修正主義的な行動をとる．そうでなければ，有利な状況となるまで待つだけである．覇権国になるという究極の目的を達することができない限り，欲望は続く．世界制覇を成し遂げた国家はこれまでにない．その意味で大国同士の競争が永遠に続くこととなる」．

　ミアシャイマーによれば，国際システムによって国家が平和を希求しているにもかかわらず，お互いに対しての攻撃的な振る舞いになってしまう理由が3つあるという．第1に，世界の国々の上に存在する中央権威が存在しないこと，第2に，どの国家もある程度の攻撃的な軍事力を持っていること，第3に，国家は他の国家がこれから何をしようとしているのかについて決して確証を持つことができないからである．

　そこから5つの仮定を提示する．

① 国際システムはアナーキーである．

表3　世界上位15ヵ国の軍事費(2013年)

順位	国家(2012年順位)	軍事費 (10億ドル)	2004-13年 推移(％)	GDPに占める割合(％) 2013年	GDPに占める割合(％) 2004年
1	米国(1)	640.0	12	3.8	3.9
2	中国(2)	[188.0]	170	[2.0]	[2.1]
3	ロシア(3)	[87.7]	108	[4.1]	[3.5]
4	サウジアラビア(7)	67.0	118	9.3	8.1
5	フランス(4)	61.2	−6.4	2.2	2.6
6	英国(6)	57.9	−2.5	2.3	2.4
7	ドイツ(9)	48.8	3.8	1.4	1.4
8	日本(5)	48.6	−0.2	1.0	1.0
9	インド(8)	47.4	45	2.5	2.8
10	韓国(12)	33.9	42	2.8	2.5
11	イタリア(11)	32.7	−26	1.6	2.0
12	ブラジル(10)	31.5	48	1.4	1.5
13	オーストラリア(13)	24.0	19	1.6	1.8
14	トルコ(16)	19.1	13	2.3	2.8
15	アラブ首長国連邦(15)	[19.0]	85	4.7	4.7
計		1408			
全世界計		1747	26	2.4	2.4

＊ SIPRI Fact Sheet, April 2014 から筆者作成.　[ ]は，SIPRI推計.

② 大国は攻撃的軍事力を保有している．
③ 諸国家は，それぞれの国が何をしようとしているか正確には把握できない．
④ 大国の最重要課題は生き残りである．
⑤ 大国は合理的アクターである．

　攻撃的リアリストは，国家はアナーキーという国際システムの中で，自国の存続を第一使命として，パワーの最大化を図ると説明する．大国にとって望みうる最良の結果は，「覇権国(dominant power)」になり，最低限地理的に地続きの地域を支配することである．世界のすべてを力で包囲して睨みを利かせるグローバル覇権国となることは物理的に不可能であるとしても，国際システムの唯一の超大国となることはできる．

　その意味で覇権国となった国家は，万一，他の地域に潜在的覇権国が出現した場合，自らの地位を脅かす覇権国になることを阻止することが最大の課題となる．

なぜなら，ひとたび覇権国としての地位を確立した国家は，他の地域で同じような地位に到達する国が出現することを妨げなければ，指導的地位から下りなければならなくなるからである．

3　新たな抑止力としての先制行動原則

ところで，抑止力とは何だろうか．核の優越(nuclear superiority)は，ある大国が自国に大規模な報復を受ける恐れを持たずに敵国をほぼ完全に破壊できる状態を指す．核の優越を維持するためには，敵国に核武装を許さない，ということが肝要となる．もし，核保有国が2ヵ国以上存在する場合には，核の優越を維持するために，ライバル国の核兵器を無力化する能力を有していなければならない．ただし，これは不可能である．1949年にソ連が核兵器を開発してから，米国はソ連を凌ぐ核の保有を目指したが，失敗に終わった．一方のソ連も，米国に対する核の優越を一度も実現したことはない．

核戦争が始まればお互いに破壊し尽くされてしまうような状況を，ロバート・マクナマラ米国防長官は，相互確証破壊(mutual assured destruction: MAD)と形容したが，大国は，"MAD(狂った)"世界において，通常兵器による戦争を企てる場合でも最悪の事態となることを覚悟しなければならなかったのである．だが，通常兵器の場合でも，そのライバル国のパワーを計算することは簡単ではない．各国に保有される兵士・兵器の数と質，戦争に動員されるであろう兵士と兵器についての確実な情報を持ち合わせることができないからである．

冷戦期，このような「情報の非対称性」が大国の行動を律してきた．ところが2001年9.11米同時多発テロ以降，抑止概念を転換させる「先制行動原則」が米ブッシュ政権によって提起され実施されることとなった．

ジョージ・W.ブッシュ大統領は，翌2002年9月，「米国国家安全保障戦略」を公表し，攻撃準備中の敵を攻撃するという従来の先制行動の定義に限定されず，米国は危機の前兆が認められる場合には，行動を起こすと宣言した．大量破壊兵器(weapons of mass destruction: WMD)がテロ集団や「ならず者国家」の手に渡って濫用される恐れのある現代では，外的脅威が顕在化した後に防衛行動を起こしても防衛本来の目的を達成できない．そこで現代型の脅威に対しては，脅威が顕在化する前に，それを阻止するために先制行動原則が必要とブッシュ政権は

主張したのである．実際に 2003 年 3 月，このブッシュ・ドクトリンは，WMDを隠し持っていると疑われたイラクに適用された．

　オバマ政権は，先制行動原則を実質的に「封印」している．だが，2010 年 4 月 23 日付の米紙ニューヨークタイムズは，オバマ大統領が核兵器に依存する現在の国防体制を転換するため，地球上のどこへでも米国から 1 時間以内に到達できる新世代の通常兵器を配備するかどうかを数年内に決断する，と報じた．新システムは「即時地球規模攻撃 (prompt global strike: PGS)」と呼ばれ，長距離ミサイルで高さ約 10 万メートルまで打ち上げられた後，ミサイルから切り離された極超音速グライダーが人工衛星からの情報を受けながら標的を攻撃する仕組みで，北朝鮮核ミサイルの発射阻止やイラン核施設の破壊などに有効とされるという．ブッシュ前政権下で技術開発が進められていたが，ロシア側が「ミサイルが核弾頭を積んでいるのか通常兵器なのか区別がつかず，かえって核戦争の危険を増大させる」と反発しているが，国防総省は 2017 年以降の本格配備を目指しているという．

　ブッシュ政権によるイラク攻撃は果たして正当性があるものだったかどうかについて今も議論が続けられている．サダム・フセイン大統領は逃亡の末捕らえられ，裁判の末，絞首刑に処せられた．大量破壊兵器はイラクからは見つからなかった．

　ギャディスは，この米国の先制攻撃こそが，世界を変えてしまったと嘆く．米国が国連やほとんどの同盟国の意向に反して行動を起こすことができるのであれば，すなわち覇権がこうした方法で使われるのだとしたら，米国がしないということはいったい何を意味するのかと言うのである．

　そして，ギャディスは，先制の脅しをかける世界的覇権はまったくの別物であるとして，ブッシュ政権の間に米国は国際システムにおいて長い間築き上げてきた信望を，極めて畏怖すべき不安定化装置へと変えてしまったと非難する．というのもギャディスによれば，米国は危険に直面したときの先制の権利を決して放棄していないが，国内の法体制に持っている基準とそぐわないため，米国はその権利をほぼ 1 世紀以上にわたって公には行使してこなかったからである．歴史家が，冷戦における危機の頂点にあった 1962 年 10 月キューバにおけるソ連のミサイルが運用可能になる寸前の時点でさえ，先制攻撃がもたらす道義的コストを見越していたのである．

米国の意向に背く政権に対してCIAによる数々の転覆工作等が行われてきたことには留意すべきだが，ブッシュ政権が選択した抑止力としてのイラクへの先制攻撃が，逆説的に世界を無秩序に導く元凶となったのだとすれば，何という皮肉な結果であろう．冷戦2極構造崩壊から20年余り，世界のいたるところで米国1極支配の力の終焉が論じられている．米国衰退の歩みがイラク攻撃から始まったと我々はいつの日か振り返ることになるのだろうか．

　これまでリアリズムについて考えてきた．近年の研究動向は，軍事介入の論理や，修正主義国の行動に対する関心，引き続き覇権国の抑止力の問題等が主要テーマとなっている．

　抑止に信憑性をもたせる確実な方法はないものの，確固たる意図を伝達する「シグナリング(signaling)」のやり方はある．修正主義国だけでなく自国民に対しても攻撃を受けた場合は断固として戦うと表明し，自らの退路を断って危機に臨む方法である．表明した政治指導者は，公約を守らなかった場合，国民に対する信用を失い，政権を手放すことになる(「観衆費用(audience cost)」)．これは「自らの手を縛る(tying hands)」戦略とも呼ばれ，現状維持国の政治指導者が修正主義国の武力行使に断固として対抗することを知らしめるときに有効となる(Fearon 1997)．

　米国は，沖縄ほか日本各地に米軍を駐留させているが，これもシグナリングの一部である．戦略的に重要な拠点に軍隊を駐留させておき，駐留にかかる費用とプレゼンスを中国や北朝鮮などの修正主義国に対するシグナリングとする．平時からの駐留費用と，戦闘時において巻き込まれる費用は莫大であり，断固たる態度は十分に認識可能となる．

　安全保障のジレンマから脱することは困難であり，主権国家体制の自己保存の原則を根本的に変えることは不可能である．そうであるならば，現実的に軍備拡張がもたらす恐怖と有効性を厳密に計算し，それを制度化していくことが重要であろう．

理解を深めるための読書案内

秋山信将『核不拡散をめぐる国際政治——規範の遵守，秩序の変容』(有信堂，2012年)．
ウォルツ，ケネス『人間・国家・戦争——国際政治の3つのイメージ』渡邉昭夫・岡垣

知子訳(勁草書房, 2013 年).
ウォルツ, ケネス『国際政治の理論』河野勝・岡垣知子訳(勁草書房, 2010 年).
ウォルト, スティーヴン・M.『米国世界戦略の核心』奥山真司訳(五月書房, 2008 年).
カー, エドワード・H.『危機の二十年——理想と現実』原彬久訳(岩波文庫, 2011 年).
ギャディス, ジョン・L.『アメリカ外交の大戦略——先制・単独行動・覇権』赤木完爾訳(慶應義塾大学出版会, 2006 年).
ギャディス, ジョン・L.『ロング・ピース——冷戦史の証言「核・緊張・平和」』五味俊樹・阪田恭代ほか訳(芦書房, 2002 年).
鈴木基史『シリーズ国際関係論 2 平和と安全保障』(東京大学出版会, 2007 年).
ミアシャイマー, ジョン・J.『大国政治の悲劇——米中は必ず衝突する!』奥山真司訳(五月書房, 2007 年).
モーゲンソー, ハンス『国際政治——権力と平和(上・中・下)』原彬久監訳(岩波文庫, 2013 年).
油井大三郎『好戦の共和国 アメリカ——戦争の記憶をたどる』(岩波新書, 2008 年).

第3章

理想と国際政治
——リベラリズムからネオリベラリズムへ

> **Keywords** 国際統合論　機能主義論　相互依存　ネオリベラル制度論　EU　ASEAN

1　リベラリズムと国際協調

(1) 覇権安定論への批判

　リベラリズムは，国家間の友好や協調が平和をもたらすということを主張するものである．そこから理想主義とも呼ばれる．リベラリズムは国家のみならず企業などの経済主体や，国際機関，NGO の国際交流，そしてその活動を担保する国際法や国際条約，貿易協定などの制度的枠組みに焦点を当て，国家間の友好，協調，機能強化などを主張する．そのため制度主義とも呼ばれている．また，国際関係を構成する国家の政治体制にも焦点を当てる．リベラリズムが国際関係のミクロ分析といわれるゆえんである．

　制度に焦点を当てた理論のうち，1950 年代から 60 年代にかけて提唱されたものを国際統合理論と呼ぶ．国際統合を進めるには，国家同士に国家機能を共有させればいい，というのが基本的な考え方である．

　ハーバード大政治学教授カール・W.ドイッチュは，『政治共同体と北大西洋地域』(1957 年)でモノやカネの流れであるトランザクション等，国家間の交流に着目し，その増大こそが国際統合を進めると主張した．私たちや彼ら，ではない「我々意識」の芽生えが安全保障共同体 (security community) を形成していく礎となる．

　カリフォルニア大政治学教授エルンスト・B.ハースは，『機能主義と国際組織』(1964 年)で経済問題を扱う国際機構が発達すると各国の政治面での協力も促進される「スピル・オーバー仮説（波及効果）」を唱え，国家の経済機能の調整や統合を重視した．「新機能主義論」と称されたこの考えは，経済統合から政治統合へと進んだ欧州連合 (EU) の論理的支柱となっている．

だが，リベラリズム研究が本格的に取り組まれるようになっていくきっかけになったのは，前章でも触れた現実主義に依拠した考えがいくつかの実証研究によってその論拠を掘り崩されたからであった．

　モーゲンソーなどのリアリストによる国家行動観は，自己救済を原則とした構造の中で覇権を握り，他を圧倒する合理的で利己的な意図を有する国家を中心に組み立てられたが，安全保障上の脅威が弱まるにつれて，経済競争と相互依存の側面に改めて気づかされることとなった．覇権とは何か．パワーとはいったい何なのか．軍事力を指しているのか．経済力（国民総生産や技術力），資源，面積，人口，そしてその人口を構成する国民一人一人の教育レベルまでを含めるのか．

　覇権安定論では，覇権を「ある国が国際関係において他の国を支配するための基礎的なルールを維持することができる力を十分に持っていること，そして，他の国はそのルールに抵抗することなく従う，物理的な資源に優越している状況」と定義する．覇権国は，様々な「資源」，「資本」，「市場」を制御し，競争力を維持し付加価値を高めていける能力を有していなければならない．石油資源などへのアクセスが可能であればあるほど，そして資本力や有している市場が大きければ大きいほど，潜在的な経済的覇権力は当然のことながら大きくなる．覇権国は，閉鎖経済よりも開放経済の方が成長率を高め，国民所得を増大させると信じてきた．

　ところがスタンフォード大政治学教授スティーヴン・D. クラズナーは，約150年間の経済データから，世界の覇権を握っていた19世紀半ば以降の英国と，20世紀半ば以降の米国を取り上げ，英国は，その歳入の45％近くを輸入関税に依存していたこと，1930年米国で成立した約2万品目に輸入関税を課し，その平均関税率は40％に達したとされるスムート＝ホーリー法（Smoot-Hawley Tariff Act）に対する関税引き下げ交渉に必ずしも成功していなかったこと等を挙げて，英国が決して覇権国として自由貿易を徹底する立場になかったと論証した（Krasner 1976）．他方，米国についても，第1次大戦後覇権国へとのし上がっていく過程で上記のような法律を制定していることなどから，必ずしも国際システムに開放経済を導入していこうとする指導国的役割を担う姿勢を持ち合わせてはいなかったことを指摘した．

　そもそも英国の国力は，その覇権がピークであった1870年から第1次大戦直前まででさえ，国民総生産および軍事支出の面で，他国を圧倒するものではなか

った．18世紀中葉以降，英国が国際経済システムを支配したパクス・ブリタニカと呼ばれる時代，国際政治経済は概ね安定していたとされる．1870年，英国は世界の金融の中心であり，資源をコントロールし，1人当たりの収入は最も高く，貿易は世界での取引の24％を占めていた．だが，貿易面でも以後60年の間に，その地位は次第に低下し，1929年，世界の貿易に占める割合は，ほんの13.3％でしかなかった(Lake 1983)．覇権国が存在すると開かれた国際貿易を促進すると考えられてきたが，覇権安定論者が考えるほどには，自由経済の徹底に成功していなかったのである．

さらに，米国の覇権の衰退が1970年代以降の国際政治経済における混乱を招いたという点も覇権安定論に対する疑いが強まることとなった．1971年にニクソン・ショックにより米国はドルと金の交換を停止，さらに1973年には変動相場制に移行し，ブレトン・ウッズ体制は消滅した．経済力や軍事力で世界的な影響力を保持していないと考えられてきた中東湾岸の産油諸国による石油輸出国機構(OPEC)を介しての石油輸出の制限も，同年10月以降，国際経済に石油危機として大きな影響を及ぼし，米国の覇権に疑義を投げかけることとなった．覇権安定理論を支える19世紀の英国と20世紀の米国の2つの事例から，覇権に関する説得力が弱い実証研究が示されたことは，リアリズムにとって大きな痛手となった．

他方，リベラリズムは，冷戦初期こそユートピア思想によって統一的なパラダイムになりえなかったが，1970年代に入ると，米ソ冷戦の2極構造に変化が起こり，相互依存や緊張緩和が強まっていく中，国際協調の可能性と民主主義による平和の可能性が見直されていった．1975年11月，フランス・ランブイエで初めて開催された先進国首脳会議(サミット)では，安全保障のみならず，国際金融やマクロ経済政策が主要議題となり，地球規模で相互依存関係が進展していることを直接的・間接的に世界に宣言することとなった．欧州共同体(EC)が凄まじい勢いで国家の繋がりを強化し，各地域で平和条約や自由貿易協定(FTA)が締結されると，覇権だけが平和を構築するという考えに疑いが生じることになるのである．

(2) 国際レジームと相互依存

国際協調と相互依存関係が深まり，国際システムにおける国家の自律性に対す

る多元的な制約が重視される中，1977年，プリンストン大教授で国際政治学者ロバート・コヘインとジョセフ・ナイによって，「複合的相互依存(complex interdependence)」という概念が提示され，リベラリズムの議論がさらに深められていくこととなった(『パワーと相互依存』).

複合的相互依存とは，第1に，金融機関や多国籍企業など，トランスナショナルな関係が社会を結んでいること，第2に，国家間のアジェンダは，明確なあるいは一貫した階層的序列に従って構成されているわけではなく，多数の問題群から構成されているということ，第3に，安全保障問題に関して軍事力行使の可能性が低下しているという3つの前提からなる．これらは，リアリズムが基本的に否定している前提である．

コヘインとナイの主要な問題関心は，第1に，相互依存下の世界の様相および相互依存とパワーとの関連性について，第2に，アクター間の相互作用プロセスと国際レジームの変化について，の2つであった．

彼らはパワーを測定するのは簡単ではないと断りながらも，パワーはアクターが他の人々に何かをさせる能力と定義し，相互依存関係におけるパワーの役割を「敏感性(sensitivity)」と「脆弱性(vulnerability)」という2つの次元を設定して説明した．

敏感性とは，1国の変化が他国における変化をどの程度の速さで引き起こすのか，その変化には当然のことながらコストがかかるが，そのコストをかけて生み出した効果はどの程度のものなのか，が争点となる．脆弱性とは，主として大国，または国際レジームの政策変更によって，どのくらい個別の社会が影響を受けるのか，が争点となる．

例えば，敏感性と脆弱性に基づく相互依存関係の代表的な事例として，1973，79年の石油危機によって日米欧が影響を受けたことが挙げられる．米国は，原油価格の上昇に対し，日本ほどには敏感に反応しなかった．それは，米国が輸入に依存している原油の割合が日本より少なかったからである．日本の場合，石油危機に際して石油の輸入代替先を緊急に探さなければならず，脆弱性を露呈することとなった．

ところがこれだけでは，諸政府がレジームの諸ルールを構築しようとする一方で，なぜ，どのように国際レジームが変容するのか，第2の問題関心であるアクター間の相互作用プロセスについて答えることができない．

相互依存をめぐる論争は，次の3つの点においてリアリズムとの間で続くこととなった．第1に，相互依存が深化すると国家間関係は協力的になるのか，あるいは貿易摩擦などにみられるように対立的になるのか，第2に，相互依存の下では，国際体系は階層的なものから水平的なものへと変容していくことから，イシューごとの連携が強化されていくのか，第3に，国内政治圧力に対して，国家の対外政策決定者はどれくらいの自律性やガバナンスを持ちえるのか，である．特に，3番めの点は，コヘインらも国内政治をうまく組み込まない限り，変容の過程を説明する説得力ある理論を構築することはできない，として認めているところであった．

ただし，コヘインとナイは，大国にとって軍事力の行使が急速にコストのかかるものになってきたという理由として，核戦争のリスクを招くこと，国内と他国の反抗を生むこと，経済的目標を達成させることに及ぼす不確かかつ否定的な影響があることを挙げて，現代国際社会は，多次元的な経済的，社会的，生態的な相互依存関係が増大しており，国家の敏感性と脆弱性が増している，と説明した．

2 ネオリベラリズム

(1) リベラリズムと制度論の融合

こうした中，1984年，コヘインは，『覇権後の国際政治経済学』で，国際制度論の構築を見据えてケネス・ウォルツの構造主義ネオリアリズムで示された3つの仮定——すなわち，①国家は合理的アクターである，②国家は自己保存の選好を有している，③国家の行動は，自らのおかれた環境に依存する——を受け入れながら，いくつかの事例研究からレジームという名の国際公共財は，覇権国の衰退後も維持されうることを主張した．ここにネオリベラリズムが産声を上げることとなった．

コヘインは，覇権的な軍事力が国際公共財を担保するという話は，英国が覇権を握っていた時代，フランス，ドイツ，ロシアに軍事的に挑戦を受けていたことや，また米国も，ソ連と軍事的に対立していたことを考えると軍事的覇権が国際政治経済の協調関係を形成するための必要条件であるとか十分条件であると考える理由はほとんどない，と退けた．

そもそもリベラリストが重要視する国際レジームとは何だろうか．スティーヴ

ン・クラズナーによれば，国際レジームとは「国際関係の特定の領域においてアクターの期待が収斂する，原理，規範，意思決定手続きの明示的または暗示的なセット」と定義される．

コヘインは，通貨（金融），通商（貿易），石油（エネルギー）の3つの分野におけるそれぞれの制度化で，国際通貨基金（IMF）体制，関税および貿易に関する一般協定（GATT），OPEC を中心に分析した結果，「国際レジームが確立された後は，協調は覇権的指導国の存在を必ずしも必要としない．ゲームのルールがアクターのインセンティヴ構造を規定するとの前提のもと，アクターは自らを取り巻く制度構造の制約を受けながら行動し，意思決定を行う．覇権後の協調も可能である」と論じたのである．

このような考えは，国際的な振る舞いは制度化されるとしたハーバード大教授ジョン・G.ラギーらによっても支持されることとなった．構築された制度は，その枠組みが作られた当初の意図から一人歩きをして，「自律した」拘束力を持つようになる．アクターは他者と行動し，そして他者がいかなる行動を取るかは，自分の行動如何にかかっていることを知って行動する，とされた．

（2）国際制度とコミュニケーション

その意味でネオリベラリズムが重視しているのがゲーム理論的思考である．ゲーム理論とは，米国の数学者フォン・ノイマンと経済学者オスカー・モルゲンシュテルンが1944年に共著『ゲームの理論と経済行動』で発表した合理的な意思決定者間の紛争と協力の数理モデルのことを指す．戦略的意思決定に関する理論の中でも「囚人のジレンマ（prisoner's dilemma）」は，同理論の根幹を成し，ネオリベラリズムはこの囚人のジレンマ状態に陥ることを避けるために，「制度」を重要視している．

囚人のジレンマは，自白を強要された容疑者 A と容疑者 B が別々に取り調べを受けるというところから話が始まる．双方ともに黙秘を貫けば，3年の刑で済むが，相手が自白し，罪を自分になすりつけるようなことにでもなれば自らは15年の刑に処せられる．結局はお互いに協力すれば高い利得を得ることができるにもかかわらず，相手を信用できないために，双方ともに進んで自白し好ましからざる10年の刑を受けることになってしまう（図2）．

では，どうしたら裏切り行為をお互いにやめて，協調することができるのだろ

	B 黙秘	自白	(懲役：年)
A 黙秘	(3, 3)	(15, 0)	
A 自白	(0, 15)	(10, 10)	

(1) 囚人のジレンマ

	B 協調	裏切り	(核ミサイル：発)
A 協調	(4000, 4000)	(4000, 1万)	
A 裏切り	(1万, 4000)	(3万, 3万)	

(2) 核軍縮

図2　ゲーム論からの説明(筆者作成)

うか．1つは，ミシガン大政治学教授ロバート・アクセルロッドが証明した「おうむ返し戦略」，あるいは「しっぺ返し戦略」と呼ばれるもので，一度相手が裏切ればこちらも裏切る，という戦略をとることである．しかし，これを国際政治の1回限りの重大な局面で実践するには，相手が裏切れば信用していた側は多大な損失を被ることとなる．そこで考えられたのが，協調行動が長期的利益を生み出す可能性をつくる制度を構築して，何回も交渉する機会を持つというやり方である．こうすれば，相手は裏切りは損だと学習するので，裏切らなくなる．

　1962年，キューバ危機以降，米国とソ連の間にはホットラインができ，両国首脳は電話会談ができるようになった．設置の目的は，2大超大国の首脳間で直接に意思疎通を図ることで，偶発的に戦争が発生しないようにという意図からであった．ホットラインは，1967年の6月に起きた第3次中東戦争(6日間戦争)の際に初めて利用された．開戦後まもなくモスクワから国防総省にかかってきた電話で，リンドン・ジョンソン米大統領とアレクセイ・コスイギンソ連首相は停戦に向けて努力することを話し合った．このように国際関係における囚人のジレンマである「安全保障のジレンマ」を避けるためには，お互いが隔離状態から抜け出し，外交交渉を複数回のゲームにすることが重要となる．

　コヘインは，戦後の自由貿易の発展を下支えしたGATTや世界貿易機関(WTO)は，まさにこうした市場では解決されない問題に対処する制度の役割を果たしたと論じた．また，それは加盟国の間の紛争を処理するメカニズムを備えることによって，相手国の行動について情報の不完備を補う機能をも担っていた．さらに，第2次世界大戦後，国際的な組織や制度の数が増え続けている事実を挙

げて，そうした傾向が経済活動をはじめとする様々な分野における国際協調を演出していると主張したのであった．

制度は，第1に，国家と異なる問題群との間で「課題の結合（イシューリンケージ）」を作用させ，制度化された反復作用によって国家（および諸アクター）間の無限の取引を可能とする．すなわち国家と国際協調を達成するための取引費用（transaction cost）を削減することができる．第2に，国際制度のコミュニケーション機能を利用して，各国の情報不足を補うことができる．このため，リアリストが懸念する「コンプライアンス（約束遵守）」の問題が緩和され，将来の利益が十分確保できる場合，協力の可能性が増大するのである．

ネオリアリズムは，どの国も自国の相対的パワーを最大化しようとするために協調行動をとりにくくするということを説いていた．これは，「相対的利得（relative gain）」といって，他国との比較において，得られる利得の差を問題にすることを意味する．他方で，ネオリベラリズムは，国家が協力することで得られる利得の大きさや程度「絶対的利得（absolute gain）」を重視する．リアリズムが想定する，疑心暗鬼となり自己保存しか頭にないアクターに依拠した議論では，アクター間の協力や国際制度の役割について説明できない．しかし，ネオリベラリズムはアクターの主体的選択に基づく制度の形成や維持という過程が説明できるという点で脚光を浴びることとなった．

（3）リベラリズムへの批判と進化

リベラリズムは国家だけでなく，多国籍企業や国際金融機関のような非国家アクターや欧州連合（EU），東南アジア諸国連合（ASEAN）のような国際組織の行動をも説明可能にするため，相互依存の進んだ世界情勢をよりミクロレベルで把握できるという利点がある．

その一方で，リベラリズムの分析が認知や制度，経済アクターや官僚政治などの部分理論に特化することにより，マクロレベルでの理論化を犠牲にしているとの批判がなされている．

攻撃的リアリズムの代表的論者のミアシャイマーは，国家が相対的利得について心配しているときに，リベラル制度論がいうように制度が協調を容易にする証拠は見当たらないとして，制度への幻想は捨てるべきだと主張した．国家は現実的に相対的利得に対する関心は低く，また計算も容易ではない．それにまた，制

度が多方面にわたりかつ発展し，国家の振る舞いに影響を与えているのは，ヨーロッパを除いてないと冷然と指摘する．

　ミアシャイマーは，リベラルな指標である経済レベルをとっても，軍事力は経済力に著しく依存しており，経済と軍事の間に明確な境界線を引くことは不可能であるとリベラリズムの考えを斥ける．国家の経済の相対的なサイズは，兵力の国際的なバランスに深く関係していて，世界では防衛的軍事技術が優勢であるとしても，防衛的兵器と攻撃的兵器を区別することは難しい．

　では，戦後の各国の指導者が国際原子力機関（IAEA）や，北大西洋条約機構（NATO），経済協力開発機構（OECD）などに見られるように制度構築に明確な意思を有していたことをどのように説明するのか．もし制度が重要でないならば，欧州諸国や世界は制度構築に時間と労力をかけてきた理由の説明がつかなくなってしまう．

　プリンストン大教授ジョン・G．アイケンベリーも『リベラルな秩序か帝国か』で，多国間協調主義や組織，同盟制度，集団的安全保障など，パートナーシップに基づく米主導の秩序が成功したのであって，冷戦終結は，自由や民主主義，基本的人権思想などが賛同を得た結果であると論じる．

　こうした議論に加え，国際関係というマクロレベルでのリベラルな国家の行動を説明するうえで政策決定過程の分析が有効だという意見も提出されている．こうした議論の代表的なものとして，冷戦の終結を契機に，民主主義国同士は戦争をしないといういわゆる民主的平和（デモクラティック・ピース）論が挙げられる．1993年，イェール大国際関係論・政治学教授ブルース・ラセットは，『パクス・デモクラティア——冷戦後世界への原理』で，民主主義国家間では，戦争が起きにくいという民主的平和論を提唱した．国家の行動はいかなるアイデンティティを有した社会勢力が支配的となるかによって決定される．その意味で国内政治過程を分析し，国際政治への影響について考察を深めていくことも期待されている．

　他方で，フランスを代表するグランゼコールのパリ政治学院で長く国際関係論・国際政治学を教授し，世界政治学会（IPSA）副会長も務めたベルトラン・バディのように，グローバリゼーションが進展し相互依存が深まったことで，生存をかけて覇権を握り，戦争を企てる必要のない世界が訪れたことは動かしようのない事実であるとしながら，リベラリズムにもリアリズムにも一定の距離をおく識者もいる．

国際社会は米国を中核とする主要国 P5(permanent members: 国連安保理)・G8・G20 による寡頭体制(le système oligarchique)を築いてきた一方で，リベラリズムのいう多種多様なアクターが国家機能を脆くしている．国家の機能は財政，中央銀行の独立性，福祉国家の3点で浸食されている．もはやソマリア，シリア，イラク，コロンビア等のように国家全体あるいは国家の一部において正統政府の統治権が及ばない国家もある．移民や資本はいともたやすく国境を越えている(Badie 2014)．タックスヘイブンに拠点を移し，納税を免れ繁栄を享受する多国籍企業の存在も無視できない．IT によるコミュニケーションや取引が世界を包摂化している中で，主要国はあらゆるレベルで絶えず挑戦を受けながら，諸大国は寡頭体制の中，協調ではなく黙認の中で粛々と国際政治を動かしているのだと論じる(Badie 2013a, 2013b)．

　覇権を握り戦争を企てる(あるいは戦争を企て覇権を握ろうとする)といった世界観で構築されてきたネオリアリズムの対抗概念として組み立てられてきたネオリベラリズムもまた冷戦思考の遺構だということだろうか．

●コラム　欧州連合(EU)

　1991年12月9日，欧州共同体(EC)加盟国間での協議がまとまり，1992年2月7日調印，1993年11月1日に発効したマーストリヒト条約により欧州連合(EU)が誕生した．欧州経済共同体(EEC)としてローマ条約発効時の6ヵ国から出発した欧州連合は，シェンゲン協定により域内での国境通過が自由となっていたが，さらにマーストリヒト条約の発効前に調印されていた単一欧州議定書によって市場統合が実現した．国境を巡る紛争が絶え間なく続く中，国境をなくしていく試みは，人類史上初の挑戦であるといえよう．経済の分野においても，通貨統合が進められ，1998年5月1日に欧州中央銀行が発足，翌年1月1日には単一通貨ユーロが導入された．

　2012年には，第2次世界大戦後の欧州地域の平和安定および協調路線を図る取り組みが評価されノーベル平和賞を授与された．加盟国は2013年7月のクロアチア加盟により28ヵ国にまで増えている．2014年7月には，リトアニアのユーロ導入を承認，2015年1月から同国は19番めのユーロ導入国となる(ユーロを導入していない加盟国は9ヵ国)．

　旧ユーゴスラヴィア連邦構成国やアルバニア，グルジアやウクライナなどのロシア

と距離をおく東欧諸国やトルコなどとの加盟の是非に関する協議や，実際の加盟に向けた実務的な交渉が今も進められている．

理解を深めるための読書案内

アイケンベリー，ジョン・G.『リベラルな秩序か帝国か——アメリカと世界政治の行方（上・下）』細谷雄一監訳(勁草書房，2012年).
アクセルロッド，ロバート『つきあい方の科学——バクテリアから国際関係まで』松田裕之訳(ミネルヴァ書房，1998年).
大芝亮編『ヨーロッパがつくる国際秩序』(ミネルヴァ書房，2014年).
Krasner, Stephen D., *International Regimes*, Cornell University Press, 1983.
コヘイン，ロバート・O.，ジョセフ・S.ナイ『パワーと相互依存』滝田賢治監訳(ミネルヴァ書房，2012年).
コヘイン，ロバート・O.『覇権後の国際政治経済学』石黒馨・小林誠訳(晃洋書房，1998年).
鈴木基史・岡田章編『国際紛争と協調のゲーム』(有斐閣，2013年).
須藤季夫『シリーズ国際関係論4 国家の対外行動』(2007年，東京大学出版会).
ノイマン，J.フォン，O.モルゲンシュテルン『ゲームの理論と経済行動(Ⅰ～Ⅲ)』銀林浩ほか訳(ちくま学芸文庫，2009年，東京図書，1972-73年).
ラセット，ブルース『パクス・デモクラティア——冷戦後世界への原理』鴨武彦訳(東京大学出版会，1996年).

第4章

規範と国際政治
―― コンストラクティヴィズムと規範

Keywords 社会構成主義　エージェント　規範　アパルトヘイト　制度　間主観性　観念主義　アイデンティティ

1　社会構成主義

(1) 社会構成主義

コンストラクティヴィズム（社会構成主義 social constructivism）は，1992年に発表されたオハイオ州立大教授アレクサンダー・ウェントの論文「アナーキーは国家が作り出すもの――権力政治の社会的構成」以降，国際関係論において注目を集めるようになった比較的新しい分析視角である．

これまで論じてきたリアリストは，国家行動は「構造（アナーキーとパワーの分布）」により規定されると考え，リベラリストは，国家行動は「プロセス（相互作用と学習）と制度」により規定されると考える．だが，双方ともに国益と環境（あるいは構造）を所与とし，その中で国家がいかに行動するかを説明してきた．

しかし，コンストラクティヴィズムにとって，国益は，国際的なパワー配分に基づいて決まるのではなく，自らおかれている環境を国家（エージェント）が国際的な規範に照らしてどのように評価するかにかかっているとみなす．国家は，自らを取り巻く社会的な構造の下で，アイデンティティを獲得し利益を認識して行動する．国家を取り巻く環境は，物質的な力ではなくむしろ国際社会を構成する国家によって「相互主観的(inter-subjective)」に形成され，国際的な規範となる．その意味で規範とは，国家が期待を内面化し，意思決定を行う集団的な「理性の集合」であるといえる．

国家はリアリストがいうようには常にエゴイスティックであるわけではなく，協調的な場合もある．ホッブズ流の「自ら助くるものを助く」的なアナーキーは，ロック流の国家間で主権の相互承認がなされた状態とする自制的なそれとは異な

る．他方，同様に自己保存とは正反対の，共同体の利益のうえに基礎を置いたカント流のアナーキーとも異なる．つまり，コンストラクティヴィズムにとって国際政治の構造は，エージェントがどのように「環境」を認識し「文化」とするかによって変わってくるのである．

　問題は，これらの環境を共有あるいは内面化し行為するにあたって，エージェントの認識に差がある場合である．ウェントは，その環境を共有し文化とする深度を示す程度には3つの段階があると説明する．第1段階は「強制(coercion)」による内面化である．第2段階は「利己的利益(self-interest)」による内面化である．第3段階は「正当性(legitimacy)」を信じての内面化である．

　イスラエルとパレスチナの関係がホッブズ的なアナーキー状態にあるのは，双方がこの環境の文化から抜け出せないからである．他方，逆に米国とカナダ間やEU加盟国間には諸問題が横たわっているが，これを暴力による解決に向かわせないのは，「友好関係」の内面化が十分に形成されているからである．このようにアナーキーに対する認識は当該社会の協調の程度と「文化の内面化の程度」とによって複合的に実現されるのである．

(2) 認知が変える世界

　ネオリアリズムやネオリベラリズムは，国際対立や国際協調を国家の選好や行動に還元させて説明できるとする考え方，すなわち社会構造やその変化を，合理的な個々の意思決定の集積として説明し理解する立場——方法論的個人主義(methodological individualism)をとっている．

　しかし，コンストラクティヴィズムは，集合体の性質は，これを構成する個々の性質に還元できないとする立場——方法論的全体主義(methodological holism)をとっている．国家のアイデンティティは，国際システムによって影響を受けるということ，そしてそのアイデンティティは，システムによって引き起こされるのではなく，あくまでも形成されるのである．

　ではウェントは，リアリズム的な考えを否定しているのだろうか．国際関係では，暴力を制御することが，平和を維持するうえで最も求められる課題の1つである．国家が暴力を独占するようになって以降，国家は唯一，組織化された暴力を合法的に使用することができる組織形態である．ウェントは，国家は広範囲に及ぶ暴力を調整するための機関として最も重要な単位であるということは認めて

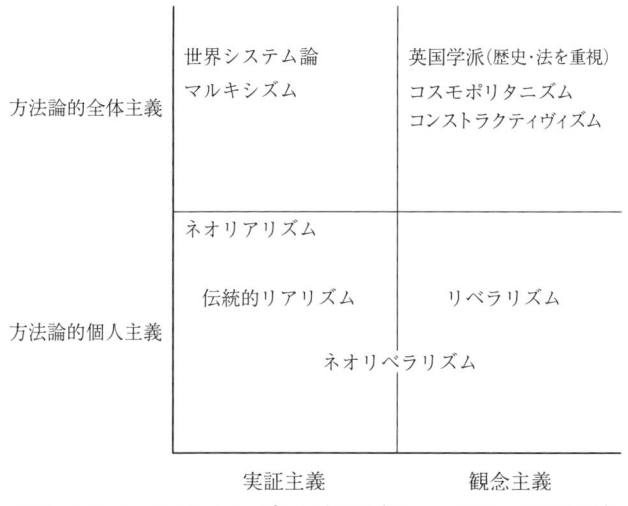

```
                        |
方法論的全体主義   世界システム論      | 英国学派(歴史・法を重視)
                   マルキシズム        | コスモポリタニズム
                                       | コンストラクティヴィズム
                   --------------------+--------------------
                   ネオリアリズム      |
                                       |
                   伝統的リアリズム    | リベラリズム
方法論的個人主義                       |
                        ネオリベラリズム
                                       |
                   実証主義              観念主義
```

図3　コンストラクティヴィズムと諸理論（Wendt, 1999, p. 32 に加筆）

いる．しかし，国家に注目するだけでは，構造の変化を説明できないと留保するのである．

　例えば，ネオリアリズムは，覇権の交代というたった1つの方法で構造の変化を説明する．しかし，封建社会から主権体制への変化や，冷戦終結から民主的平和などの議論は，コンストラクティヴィズムにとってみれば，どれをみても社会的な変化に拠るものである．ところがネオリアリストは，そのような変化は，国家の認識の変化とそれによる社会構造の変化の結果とは認めず，国際システムが常にアナーキーであるからだという説明を変えようとはしない．ネオリアリストは，冷戦時代の対立をソヴィエトが西側に対して軍事的に均衡を図っていた結果だとしていたが，冷戦終結後は，経済的に均衡を図っているのだと主張するのである．

　ここでコンストラクティヴィズムが要請するのは，共同体アイデンティティについて考えることである．国際システムでは，諸国家は実質的な共同体アイデンティティを有している．カナダが自国の安全を考えるうえで米国を脅威だと考えることはない．英国も同様にフランスを脅威だとは認識していないだろう．もはや彼らの安全はお互いの軍事力の均衡の上にあると感じてさえいない．諸国家は，彼らの安全と共鳴していると確信している限り，それを脅威とは考えない．重要

なのは，アナーキーの論理やアナーキーの原因となっている国益の分布について論じることではなく，アナーキーという構造は，諸国家が何を望むかにかかっている，ということをしっかりと認識することである．修正主義諸国家によるアナーキーであれば，その論理的帰結は，死闘の形式をとる．現状維持を望む諸国家によるアナーキーであれば，軍拡や局地的紛争や威嚇くらいで終わるかもしれない．

ゲーム理論でも，選好の配置がその帰結を決める．どのようなゲームをアクターがプレイするのか，それによって囚人のジレンマを抜け出し，信頼ゲーム（assurance game）にすることができる（第3章図2）．

(3) 国際規範の内面化

社会構成主義あるいは「構成主義」と呼ばれるこのアプローチは，観念的要素に加えて，エージェントやその相互作用を取り巻く全体的・集合的な環境も重視しなければならない．この理論が社会構成主義といわれるゆえんである．すなわち，エージェントと構造とは相互に影響し合い，相互に社会を構成し合っていると考えればわかりやすい．

例えば，国際レベルの規範が国家の利益に影響した事例として，人種隔離政策（アパルトヘイト）を行っていた南アフリカ共和国に対する米国の態度の変化についてのシラキュース大政治学教授アウディ・クロツの研究を挙げることができる．アパルトヘイトとは，居住地区や職業など，白人と黒人の待遇を差別する政策で1993年まで実施されていたが，南アは，ダイヤモンドや金などの希少な鉱物資源を産出し，多くの米系の多国籍企業が投資をしていたこと，またアフリカにおける反共産主義の重要な拠点でもあったことから，米国は内政には干渉しなかった．ところが米国は，1985年から反アパルトヘイトの経済制裁を実施するようになる．それはなぜなのか．

確かに80年代半ばには，ソ連との対立ムードは幾分弱まったものの，政策変更を促すような物質的利益の変化はなかった．クロツによれば国際的な規範が米国の利益認識を再構築し，それによって政策変更が生じたという．1960年，南アに対しての国連総会による制裁決議が初めて採択されてから，20年余りを経て，脱国家的な反アパルトヘイト運動が拡大し，米国内でも人種平等という問題が民主主義や正義と密接不可分なものとして扱われるようになった．そこで米国

の南アに対する利益認識は，鉱物資源や市場よりも人種平等や民主主義に価値をおくように再構成され，経済制裁へと結びついたとされるのである．このように規範は，国際システムと国益の両方で構成要素となるということ，そして，規範は，倫理的なオルタナティヴや自己利益の拘束を促すものではなく，説明を果たす役目となる．そしてそこでは米国という超大国でさえ従わざるをえなくなるのである(Klotz 1995)．

2 国家と国際規範

(1) 国際規範の遵守

では，なぜそもそも国家は国際規範を遵守するのだろうか．リアリスト的な答えであれば，大国による軍事的・経済的な制裁や孤立に対する恐怖から国家は自国に不利な国際規範であっても遵守する，と説明される．しかし，制裁などの恐怖によってのみ国家は国際規範を遵守するわけではない．ジョージ・ワシントン大教授マーサ・フィネモアとミネソタ大教授キャスリン・シッキンクは共著論文「国際規範のダイナミクスと政治変化」で国際規範が遵守に至るには，規範が出現し，広く受容され，国際化される段階があると答えている．

第1段階では，コミュニティで受け入れられるだけの「適切性の論理(logics of appropriateness)」を持つ規範が，影響力と組織力のある「規範企業家(norm entrepreneurs)」によって世に問われるかどうかが重要となる．第2段階は，「規範カスケード」と呼ばれる段階で，拒絶される転換点を正当性，適法性，名誉が上回り，社会の構成員によって受容されるかどうかが移行の鍵を握る．第3段階は，最終局面で規範の内面化が進行し，国際社会で定着し制度化されていくかどうかが焦点となる(Finnemore & Sikkink 1998)．

例えば，1972年に締結された弾道弾迎撃ミサイル制限条約(ABM条約)と第1次戦略兵器制限協定(SALT-I協定)は，米ソがすでに大量の核兵器を保有し，その破壊力が飽和状態となったと認識されたことで適用が可能となった．当初，両国は，軍備管理を第一義的に考えていたが，「規範カスケード」転換点を正当性，適法性，名誉が上回り，さらなる軍備管理へと動いた．その後両国は，核戦争を起こすことは人類史に汚点を残すとする規範の内面化が進み，本格的な核兵器削減への制度化・交渉へと導かれていった．

1975年の欧州安全保障協力会議(CSCE)で採択された「ヘルシンキ宣言」では，「安全保障のジレンマ」を緩和するため，軍事演習の通告・査察・オブザーバー招請などの信頼醸成措置が盛り込まれた．また，アジア太平洋地域でも，ASEAN地域フォーラム(ARF)を中心に各国の安保対話・軍事担当者交流の促進等の信頼醸成措置が重視されている．相互の軍備に関して情報を交換ないし公開して，誤解や誤算による戦争が起こることを防ぐ努力が行われている．

　暫定的な合意であったSALT-Iは，1970年代末の米ソの深刻な対立の回避には寄与しなかったが，対話の開始により相手への部分的信頼が醸成され，自発的合意と集団的監視手段によって緊張が緩和されていったという点では成功したといえる．

(2) 冷戦後のアイデンティティの変化

　コンストラクティヴィズムは，固定化した冷戦パラダイムの終焉を背景として登場してきた．リアリストたちは，国際システムを支えている大国間のパワー配置が大きく変化しない限り，すなわち現状のパワー配置を変更するメリットがコストを上回らない限り構造変化は起こらないと断言してきた．しかしその後，米ソ2極体制の崩壊という国際社会の変動を国際関係論が説明できなかったことは，構造は不変とするネオリアリズムの論理的欠陥を印象づけた．他方，ネオリベラリズムもアナーキーという構造を受け入れ，国際協調の可能性を制度と合理的国家アクターを中心に因果関係を探ってきたことで批判にさらされることとなった．

　だが，コンストラクティヴィズムはあくまでも冷戦終結を軍事力や経済力という物質的要因ではなく，観念やそれに基づく規範の変容が時代背景の変化の原動力になったとの立場をとる．国家間の相互作用は固定された国益によるものではなく，時間の推移にしたがって国家のアイデンティティが相関的に再構築される反応のパターンとして理解するべきである，と主張するのである．

　図4で見るようにコンストラクティヴィズムは，制度自体が持続的に再生産され，国家の行動と他のアクターとの相互作用により変容していくと考える．そしてその構造は，主観を持つそれぞれの主体間で成立する「間主観性(intersubjectivity)」の中で，利益や選好は社会的に構成される．その意味で制度は，アイデンティティと利益が結晶化した構造であり，アクターの思考から独立しては成立できないといえる．したがって，アイデンティティや国益は変化すること

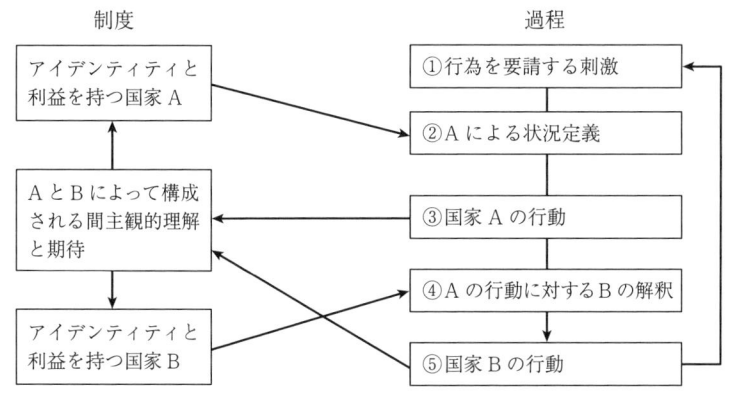

```
    制度                          過程
┌──────────────┐          ┌──────────────┐
│アイデンティティと│ ────→ │①行為を要請する刺激│ ←──┐
│利益を持つ国家 A │          └──────────────┘    │
└──────────────┘                   ↓              │
      ↑                    ┌──────────────┐    │
      │                    │②A による状況定義│    │
┌──────────────┐          └──────────────┘    │
│A と B によって構成│          ↓              │
│される間主観的理解│ ←──── │③国家 A の行動   │    │
│と期待        │          └──────────────┘    │
└──────────────┘                                  │
      ↑                    ┌──────────────┐    │
      │              ┌──→ │④A の行動に対する B の解釈│  │
┌──────────────┐  │      └──────────────┘    │
│アイデンティティと│ ─┘          ↓              │
│利益を持つ国家 B │          ┌──────────────┐    │
└──────────────┘          │⑤国家 B の行動   │ ───┘
                            └──────────────┘
```

図 4 アイデンティティと利益の形成モデル（Wendt, 1992, p. 406 より）

が当然視され，その場合は，国家行動も変化していくことになる．

　国家は安全保障を領土に対する所有権として定義し，主権の規範を受け入れた国家は，他国の領土を尊重するようになる．そして自己の主権概念が他国の認識によって成り立っていることを認識した国家は，自己の安全保障のために国際社会の制度により依存するようになる．

　冷戦に関していえば，米国とソ連の冷戦関係は 1 つの社会的構造であり，ある時点で両国が相互を「敵」と認識し，また，両国の国益が相反していると認識したことから開始された．両国がこのような観点から相互関係を規定しなくなったとき，冷戦は終結したのである．

　留意しなければならないのは，コンストラクティヴィズムにとっての国際制度は「規制的機能（regulative functions）」と「構成的機能（constitutive functions）」の 2 つを意味するということである．規制的機能とは，ある行動の標準的なルールを設定することで，構成的機能とは，行動を定義しその行動に意味を与えることである．ここで重要になるのは，すべての成員が規範を共有するとき，集団の成員は規範の違反者に制裁（sanction）を与えることによって，規範の強制を可能とするということ，また，規範は内面化（internationalization）され，名誉によって維持されるということである．

3 コンストラクティヴィズムへの批判と課題

 このように冷戦後に登場したコンストラクティヴィズムは，リアリズムの対立協調，リベラリズムの協調行動に対し，変化を含む適応行動という構図を提示し，国際関係論の第3のアプローチとして注目を浴びてきた．

 ネオリアリストとネオリベラリストは，XがYを引き起こす，という因果関係に注目し実証を重ねてきた．両者は，実証主義的な思考法，すなわち原因があって結果がある，という因果論による説明を採用し，国家を第1に考え，国家が集まって構造(国際システム)を作ると考えている．その意味でXとYは，それぞれが独立して存在している．

 だが，コンストラクティヴィズムは，XがYを構成する，という構成関係に注目する．その意味で，Yの属性はXによってもたらされ，Xなしには存在しないということになり，因果関係の解明には必ずしも関心がない．

 これはネオリアリズムやネオリベラリズムが合理的選択(rational choice)の方法に基づいて，そこから実質的な仮説を提示しているのに対して，コンストラクティヴィズムでは，国益や国際的規範のみならず，国際関係論を含む科学そのものが，社会的に構成されていると考えるからである．したがって，その意味で，コンストラクティヴィズムでは，いつ，いかに，なぜ，規範や国益の社会的構成が問題になるのか，国家の行動や国際システムの変化のメカニズムはどのようなものか，についての説明は多くの場合，後付けに終わる．

 その意味で国際関係の変化を把握する手法(method)であって，理論(theory)として認知することができないという批判もある．国際関係論の理論的射程を広げた点で評価できるが，社会的構造の役割を強調しすぎるきらいがあり，エージェントが構造に与える影響にもっと焦点を合わせるべきであるとの批判もある．また，コンストラクティヴィズムは，希望的観測のようなもので，人々も国家も他者のためを思って行動し続けたことはない，として楽観的に過ぎるとの批判もある．

 これは，コンストラクティヴィズムの観念主義が人間が言語や科学理論を借りて対象の世界を構成するとの考え方，すなわち科学理論が対象世界のあるがままの写し絵ではなく，人間が作り出した社会的産物であるという，ポストモダンの考え方に影響を受けているためでもある．哲学的説明では，存在論には，対象の

表4　諸理論のまとめ

古典的リアリズム (好戦的勢力均衡)	アナーキーな構造下，拡張主義的な合理的国家 A は，その国益を保持するために，同じく拡張主義的な国家 B, C, D 等に対して何を行うのか
ネオリアリズム (協調的勢力均衡)	アナーキーな構造下，自己保存を追求する合理的国家 A は，同じく自己保存を追求する国家 B, C, D 等に対して何を行うのか
ネオリベラリズム (国際協調)	国際制度や規則や相互依存的関係は，合理的国家 A にどのような影響を及ぼして，国家 B, C, D 等に対して何を行うのか
コンストラクティヴィズム (国際協調)	間主観的に形成されたアイデンティティと利益を有する国家 A, B, C, D は，どのように国家のアイデンティティを変え，そしてその国益と政策をお互いに維持したり変えたりするのか

＊筆者作成.

　世界が人間の認識に関係なく存在すると考えるか(実在論)，それとも人間が対象の世界を言語や科学理論で切り取り社会的に構成すると考えるか(反実在論)，の2つがあるが，コンストラクティヴィズムの核心はあくまで反実在論，すなわち，人間が言語や科学理論を借りて対象の世界を構成すると考えるというところにある．

　多くの現実主義者は，①世界は個々の観察者の精神と言語から独立して存在している，②成熟した科学の諸理論はこの世界に言及する，③この世界を直接的に観察できないとしても，という3つの考えに基づいている．つまり，現実主義は，観念のうえに社会が依存しているとは考えていない．

　しかし，コンストラクティヴィズムは，あくまでも「対象は観念が構築するもの」という立場を堅持する．問題は，もし対象が観念によってつくられるとしたら，対象は人間存在とは独立して存在しない，ということになる．また，観念主義が本当であるなら，観念における最も重要な視点は，因果よりも構成にある．このことは，因果メカニズムに力点を置いていた自然科学の方法は，翻って説明より理解に取って代わる必要があることになる．

　これらの問題は，特に重要な問いを社会科学の現実主義的見方に投げかける．例えば，アイデンティティの形成や変化を言語の範疇(テキスト)から説明しようとするディスコース分析(discourse analysis)は，その派生とみることができる．ディスコースは，そのほとんどが互いに対立する反対物によって作られる(2項

対立).そうであれば,敵対化の過程を通じて顕在化する内部と外部,自己と他者といった差異化を逆転写すれば和解の可能性を探ることもできよう.例えば,英国の国際政治学者デヴィッド・キャンベルは,外交を「表象戦略としての差異化の過程」とみなし,米国の対外政策は,自由主義対共産主義という2項対立的観点とそこから形成されたアイデンティティに帰着すると論じた(Campbell 1998).

アイデンティティは不変ではなく,共有された理念(collective meanings)によって形成されるということ自体は多くの共感を得るだろう.協調の可能性は,①1国では獲得できない利益が存在するとき,②相互作用が劇的に深化しているとき,③繰り返しゲームがなされることが保証されている場合,には確実に高まる.主権に基づくパワーポリティックスが共有された理念に基づくイデアルポリティックスに姿を変え,安全保障の認識を変化させるのだとしたら,今後の国際平和にも何らかの可能性や期待を見出すことができるかもしれない.

理解を深めるための読書案内

伊藤正孝『南ア共和国の内幕――アパルトヘイトの終焉まで』(中公新書, 1992年).
大矢根聡編『コンストラクティヴィズムの国際関係論』(有斐閣, 2013年).
小川裕子『国際開発協力の政治過程――国際規範の制度化とアメリカ対外援助政策の変容』(東信堂, 2011年).
ガーゲン,ケネス・J.『社会構成主義の理論と実践――関係性が現実をつくる』永田素彦ほか訳(ナカニシヤ出版, 2004年).
ガーゲン,ケネス・J.『あなたへの社会構成主義』東村知子訳(ナカニシヤ出版, 2004年).
山本吉宣『国際レジームとガバナンス』(有斐閣, 2008年).

第5章

構造と国際政治
──構造主義理論・世界システム論

Keywords 構造主義　ブレトン・ウッズ体制　従属論　交易悪化説　世界システム論　構造的暴力　ネオリベラリズム循環　ワシントンコンセンサス　ペキンコンセンサス

1 構造主義

(1) 構造主義

　第2次大戦後，米国は，ソ連率いる社会主義圏に対する自由主義圏を築くために欧州復興計画(通称マーシャル・プラン)を推進し，欧州16ヵ国に軍事・経済的援助を行った．マーシャル・プランはNATOへと姿を変え，米国と欧州の現代世界における最強の軍事同盟へと発展するが，その一方で米国は，自由市場の開放，貿易の自由化などを取り決めたブレトン・ウッズ協定に基づいてIMFの設立を提案し，自由貿易体制構築を目指した．

　IMFの設立目的は，1930年代の世界恐慌の原因となった通貨切り下げ競争による悪循環を繰り返さないよう，安定した為替レート制度と多国間決済制度の構築であった．同時にGATTによって自由貿易を促進し，ブレトン・ウッズ協定とともに戦後の国際経済の構築が目指されることとなった(ブレトン・ウッズ体制)．

　どの社会も未開から出発し，必ず近代化する，というダーウィニズム流の進歩史観は，西欧の歴史を通じて受け継がれてきたものだが，第2次大戦後間もない米国も欧州諸国も，そして途上国も近代化への約束は必ず果たされるものと考えていた．

　ところが，大きな戦争で荒廃していないのに発展から取り残された地域があった．ラテンアメリカである．近代化論では説明できないこの現象をどのように理解したら良いのだろうか．第1次，第2次大戦において直接的な戦場とならなか

ったラテンアメリカ諸国がなぜ経済的にテイク・オフしないのかを究明するミッションが1948年，国連によって始動した．設立されたラテンアメリカ経済委員会(Economic Commission for Latin America: ECLA)は，アルゼンチンの財務次官・中央銀行総裁を務めたラウル・プレビッシュ事務局長のもとで，開発途上国の第1次産品の先進国への輸出と，先進国からの工業製品の輸入による自由貿易論について調査し，議論を尽くした．

その結果，工業製品を輸出する先進国と農産品などの第1次産品を輸出する途上国との間で貿易が行われると，技術革新によって付加価値をつけることができる先進工業国は第1次産品の消費者として，また工業製品の生産者として二重の利益を得る一方，途上国の方は，逆に技術革新による大量生産によって安くなる第1次産品の生産者として，また高くなった工業製品の消費者として二重の不利益を被るために開発途上国から抜け出す処方箋として適当でないことがわかった．

すなわち，途上国(周辺国)の技術革新の利益は常に先進国(中心国)へ移転され，その結果，両地域間の所得の成長に差が生まれ，先進諸国に対する発展途上国の交易条件は，構造的悪化傾向をたどる．こうした第1次産品交易条件悪化説はデヴィッド・リカードの比較優位説に反するとして注目を浴び，プレビッシュ＝シンガー理論として名を馳せることになった．

ECLAから1964年にジュネーヴで開催された第1次国連貿易開発会議(UNCTAD)に事務局長として迎えられたプレビッシュは，これまでの知見と経験から「新しい貿易政策を求めて」(1964年)で，途上国がこの構造的な罠から抜け出すには，第1次産品輸出国からの転換が必要であると訴え，輸入代替工業化策を奨励した．

そこで1960年代に入ると，ラテンアメリカ諸国は，その提言を受けて経済発展のための輸入代替工業化戦略をとった．輸入代替工業化戦略とは，文字通り工業製品の輸入に対し高い関税をかける一方，国内産業の育成のために補助金を付与するなどして交易条件が悪化する工業製品を輸入から自国生産に切り替えようというものである．

ところが，工業製品を生産するためには，原料，中間財が必要となり，その輸入のための外貨は，外資の導入や国際援助を除けば，第1次産品の輸出に頼る他ない．結局，輸入代替工業化戦略は経済的停滞を引き起こし，税収減も財政に負担をかけ，財政赤字とインフレが恒常化して，ついには政情不安に陥り，ブラジ

ルやアルゼンチンのように民主政権が軍事クーデターで倒される事態にまで至るのである．

このような事態に歴史経済学者で社会学者でもあったアンドレ・フランクは，世界経済が後退していた両大戦期にアルゼンチンやブラジルが工業発展を遂げていたことを挙げながら，「中核（メトロポリス）－衛星（サテライト）構造」と名づけて，「支配」と「従属」構造の外部に出ないかぎり「低開発」状態にとどまることになり，ラテンアメリカにおける真の発展はないと主張した（Frank 1970）．

(2) 従属論の進化

従属論の理論的貢献は，個々の社会や国家から国際構造に視点を移したことである．それまで貧困や近代化の失敗は，伝統的な価値観や保守的な行動様式，あるいは怠惰性に帰する議論が展開されていた．しかし，交易が悪化するのはラテンアメリカに限ったことではなかった（コラム参照）．

ところが問題は，すべての「低開発」諸国が発展の契機を失ったわけではないということである．従属論は，ラテンアメリカをはじめ，「第三世界」の開発がうまく進まないのは，それを阻む世界経済全体の構造の問題があるからだと主張していた．だが，1993年の世界銀行の政策調査レポート「東アジアの奇跡」以降，「低開発」は，条件や状況次第で抜け出すことができる過渡的構造であるとして再検討されることになった．

東アジアの成長について注目されたのは2つの側面である．1つは，国家の役割である．韓国，台湾，香港，シンガポールなど東アジアNIES（Newly Industrializing Economies）では，権威主義的性格を有する政権によって，強権的に国内の資源を成長部門に傾斜配分して，経済成長と引き換えに，政権の正当性を維持する「開発独裁」と称される国家群が立ち現れていたこと，政府は，収奪によって発生するコンフリクト費用を払い，なおかつ資源を移転し，工業部門を拡大させて税収の増加を図っていたことが明らかとなった．

もう1つは，半周辺という概念である．半周辺概念の導入は，社会経済史家イマニュエル・ウォーラーステインの理論的貢献であり，システム構造の可変性について議論の可能性を広げたといえる．世界経済の構造的制約の中で戦略的に国内の経済構造をコントロールした国家の役割を見ていくと，半周辺国家は，それまで先進国の主導産品（リーディングプロダクト）であった産業の移転がなされ，

保護主義政策を通じて，外国企業との競争から隔離して自国の生産過程を守っている．そして企業の効率を高め，世界的な競争力を有するようになっている．ウォーラーステインによれば，半周辺国家に分類されるべき顕著な例として，韓国，ブラジル，そしてインドが挙げられるが，これらの国は東南アジアや中南米など周辺地域に輸出を行う強力な企業(例えば，製鉄，自動車，製薬)を有すると同時に，欧米など中核地域からはより先進的な産品を輸入する幸運な立場におかれることとなった．

中核地域における主導産業の展開過程をみると，経済の循環的な律動の中で，まず，巨大主導産業群が経済の拡大に沿って資本を蓄積し，同時に雇用の拡大を伴い，賃金水準を上げて社会に豊かさをもたらしていく．

ところがそれまで独占的状況にあった市場に多くの企業が参入していくにつれ，「過剰生産」と「人件費の上昇」が発生し，その結果，価格競争に晒され，在庫が積み上がり利潤率が低下する．そうなると経済は下降周期へと入っていくことになる．失業率は上昇し，生産者はコストを削減して市場におけるシェアを維持しようとする．こうした理由から企業は生産拠点を相対的に低賃金である半周辺地域へと移転しようとする．

これまで従属論は，中核地域の経済が周辺地域の経済を搾取するという一方向の説明に終始していた．しかし，ウォーラーステインは，東アジア諸国の経済発展のメカニズムを世界の経済循環のマクロ的視点から解き明かすことによって，搾取のパターンから抜け出せることを示したのだった．

●コラム　アジアとアフリカの運命を分けたもの

アフリカでは，だれでも容易に土地利用ができるため，希少価値がなく担保として利用できないことから信用市場がきわめて限定的となる．他地域との交換は低人口密度からくる運搬コストの高さや収穫物の同一性などから，機会が著しく制限され，自家消費分を超える生産インセンティヴが低く，生産は自給レベル以上に向上しなかった．他方，アジアでは，土地が狭いことから希少価値が生じ，共同体によって灌漑などが整備され，収穫物は公共財として共同管理されることとなった．農村技術革新は，資本や労働力の余剰の創出，安価な食糧生産を通じて工業化に寄与した．

また，アフリカにおいては貿易の自由化も問題含みである．まず，アフリカが輸出

する財は，その需要の価格・所得に対する弾力性が低いため，価格を抑えることができても，需要が伸びない．また，どの程度輸入・消費できるかは，輸出品に依存しているが，単一産品輸出経済の脆弱性がある．アンゴラ，コンゴ共和国，ガボン，ナイジェリアでは原油が輸出収入の 50% 以上を占める．ブルンジ，エチオピア，ウガンダではコーヒーが，輸出収入の 50% 以上を占める．国際市場価格の動向や天候に左右される運命を克服することが難しい．

2 世界システム

(1)「世界＝経済」

　プレビッシュが提起した従属論は，中核的生産と周辺的生産の間の分業に焦点を合わせたのに対し，ウォーラーステインの功績は，資本主義的生産物の連鎖によって結ばれた「世界＝経済(world-economies)」を土台として構成された「近代世界システム」へとさらに巨視的に展開させたことである．

　それまでの歴史学研究といえば一国史の分析に，経済学研究といえば一国経済の分析に，政治学研究といえば一国の政治構造の分析に，社会学研究といえば一国社会の分析がメインとなってきた．他方，世界システム分析は，世界規模での資本主義の動態分析を重視する．すなわち世界はすべて現在覇権を握っているグローバルな資本主義経済システムによる世界に他ならないということを前提に国家システムの勃興について論じていくのである．

　「世界システム」論で重要になるのが貨幣を用いる市場によって統合されている「世界＝経済」の登場である．それまでの世界はといえば，直接的な贈与と返礼の関係，すなわち互酬からなる「ミニシステム(mini-systems)」が形成され，次に財が社会の底辺から中央へ一旦集められ，その一部が底辺へ向かって返される再分配からなる「世界＝帝国(world-empires)」が志向された．だが世界＝帝国は，システム全体が単一の政治的権威のもとにあるため，無限の資本蓄積を優先する行動に対し，世界＝経済を志向する資本主義的な企業の大半と敵対することになる．結局，貨幣を用いる市場によって統合されている資本主義的市場からなる「世界＝経済」システムが世界＝帝国に勝り長期にわたって持続・繁栄することとなるのである．

(2) 世界システム論における覇権

　ウォーラーステインによれば,「世界＝経済」において,半周辺国家が国力の向上を目指した場合,その帰結として,国家間の対抗関係が生じるという.そこで支配的優越性を実現するには,世界＝経済における「覇権(ヘゲモニー)」を獲得することである.ただし,ヘゲモニー国家が成立するためには以下の3つの経済的条件が必要となる.①圧倒的な生産力,②圧倒的な流通力,③圧倒的な金融力,そしてその結果として,④圧倒的な文化力(優秀な人材が集まる)という条件である.

　ヘゲモニー国家の成立は,①②③の順で確立されていき,また失われる時も,同じ順で優位性が消滅していくのである.ウォーラーステインによれば,これまで覇権を獲得した例が3つある.第1の例は,17世紀半ばのオランダ,第2の例は,19世紀半ばの英国,第3の例は,米国である.これら3つの国家がヘゲモニー大国であったといいうるのは,それらが,国家間システムにおける行動の規準を定め,世界＝経済を生産,流通,金融のすべてにおいて支配し,最小限の軍事力の行使で自国の政治意思を貫徹し,さらに世界を論ずる際の道具立てとしての文化的言語を定式化することができたからである.

　ではなぜ,これらの国家は世界＝経済の中で覇権を獲得することができたのだろうか.分業体制,複数の国家組織,多元的文化が資本主義システムに合致しており,資本主義的企業にとって,きわめて有益なものとなったことがその答えである.

　また,世界＝経済の循環的な律動によって,3つの30年戦争——17世紀の30年戦争,18世紀末から19世紀初頭のナポレオン戦争,20世紀の2度にわたる世界大戦——が起き,世界システムのすべての主要な経済的中心地が引きずり込まれ,大抵その戦争は,世界＝帝国を目指すと思われる勢力に結集する陣営と,覇権国を目指す勢力に結集する陣営との対立に収斂していった.さらに産業革命以降は,コンドラチェフ波動とよばれる50年周期の経済循環が背景に作用した.

　ヘゲモニー交替には必ずその背後に,産業の高次化に伴う基幹産業のシフトがみられる.ウォーラーステインによれば,生産,流通,金融の解体は避けられず,覇権もまた自己解体するのである.覇権国家を維持するためには,軍事力行使に訴える必要がある.しかし,その軍事力行使は,単に覇権の弱体化の最初の兆候であるばかりでなく,さらなる衰退の原因にもなる.このあたりの議論は,イラ

ク攻撃に踏み切ったブッシュ政権に対するギャディスの批判に通じるものがある．軍事力は行使しなくとも維持だけでコストがかかる．まさに「ただ乗り」の問題にいきつくという意味では，構造的リアリズムの覇権安定論のところで触れた問題とも軌を一にする．

　なお，世界システム論は，世界＝経済というメカニズムの中で覇権の交代はあるものの，世界＝帝国への転換はないとされている．16世紀以来拡大を続け，現在，地球上に唯一存在する世界システムの地位はゆるぎない．そこは留意すべき重要な点である．

(3) 課題と評価

　世界システム論に寄せられる批判には，西洋中心主義(Eurocentric)に過ぎること，経済以外の要因が軽視されていることなどがある．また，現代の世界＝経済のトレンドとなっている，ワシントンコンセンサスと呼ばれる自由至上主義的経済レジームに決して問題がないとはいえないことについて精査していない点も挙げられよう．

　ワシントンコンセンサスとは，新古典派経済学の理論を共通の基盤として，米政府やIMF・世界銀行などの国際機関が発展途上国へ勧告する政策の総称で，構造調整を推進していく考えである．米財務省や上記の国際機関，さらに有力なシンクタンクが米国の首都にあることから名づけられた．市場原理を重視するところに特徴があり，貿易・投資の自由化，公的部門の民営化，政府介入を極小化すること，通貨危機に対しては財政緊縮，金融引き締めを提言する．

　しかし，南米やアジアでの通貨危機では，各国に緊縮政策などを求めたIMFの勧告がかえって社会的混乱を助長したとの批判がある．新自由主義政策による資本移動の自由化と金融規制の緩和は，海外からの資本流入による一時的な活況を生む．しかし実体経済の強さを伴わないバブル的好況は，多くの場合，実態以上の通貨価値の上昇につながり，輸出競争力を失って経済は低迷していくことになる．

　1980年代，メキシコ，ブラジル，アルゼンチン，ベネズエラ，そしてフィリピンなどもこのIMFの「安定化政策」を受け入れ，対外債務にまみれ疲弊した経済の再建作業に取り組んだ．ところがこれらの政策は，対外債務危機に落ち込んだ国々の国際収支の改善には役に立ったが，IMFの構造調整は，主として短

期の国際収支の赤字問題の解決に向けられたものであって，多くの途上国が抱え持つ，国際収支の長期的問題に対する根本的解決にはならなかった．実際，1982年から88年までの間に，IMFの戦略は，ラテンアメリカとカリブ海諸国32ヵ国のうち28ヵ国で試みられたものの，いずれも経済の停滞と失業の増加を見ただけで，成果を挙げることはできなかったのである．

なるほどIMFがいうように，貿易によって衰退してしまうような国際的にみて効率の悪い産業＝比較劣位産業が国内で縮小し，その代わりにより効率の良い産業＝比較優位産業が拡大し，その比較優位財の輸出によって経済を成長させ，比較劣位財を海外から安価に輸入できるようになれば安泰である．

しかし，これは経済の教科書，すなわち論理としては正解でも容易に実現しない．途上国の多くですぐに民営化したからとしても，あるいは，財政支援を打ち切って競争力の向上をいきなり求めても，すぐに人々は，すぐれた商品を生産したりすることはできない．失業者を生み，社会的弱者を増やすだけである．

1980年代の債務危機は，それまで流入してきた大量の資金が一気に国外に逃避，バブルは崩壊し，実体経済を道連れにして国家経済を破綻させてしまい，米国主導の国際金融システムの脆さと不安定性を露呈することとなった．これをネオリベラリズム循環と呼ぶ(図5)．

他方で，世界システム論が評価されている点は，世界システム論者たちが，世界が資本主義の「世界」と社会主義の「世界」に分断されていると理解されてきた冷戦時代から，「世界経済の一体性」を強調してきたことが挙げられる．ウォーラーステインは，ソ連が近代世界システムの中で米国と政治的に敵対することで，機能的には世界経済をむしろ安定化させてきたと論じている．このような視点は，米ソ対立構造もまた，巨視的レベルでは世界＝経済の単なる一翼を担っていたにすぎず，リアリズム，リベラリズム，コンストラクティヴィズムにはない，世界と国際政治をどうとらえるべきか，というところでそれまでとは全く異なる考えをもたらしたという点で評価できよう．

また，二重構造の論理を，国際関係論的に深化させて「新帝国主義論」を展開し，「構造的暴力」の概念によって貧困や抑圧への構造分析の視座を用意した，ヨハン・ガルトゥングら平和研究派へと射程を広げたことも評価されている．

ウォーラーステインによれば，近代世界システムにおいて世界経済のもたらす利潤分配は著しく中央に集中するが，統一的な政治機構が存在しないため，この

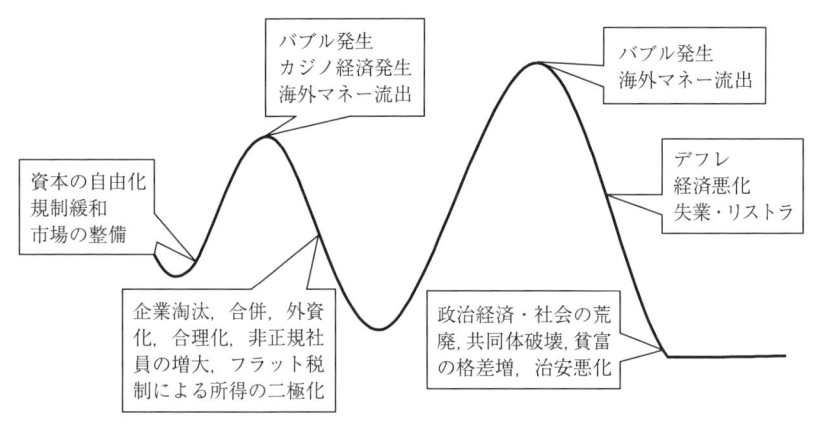

図5 ネオリベラリズム循環(内橋, 2006 年, 118-119 頁より)

経済的不均衡の是正が行われる可能性は極めて小さいという．そのため，近代世界システムは内部での地域間格差を拡大する傾向を持つことになる．こういった考えについても，今後精査していく必要があるだろう．

例えば，ワシントンコンセンサスへの対抗軸として，世界＝経済システムのなかで出現しつつあるペキンコンセンサスという新たな経済システムについても検討する必要があろう．ペキンコンセンサスとは，中国人民大学とベルギーのブリュッセル自由大学が共同で設立した中国研究機関であるブリュッセル現代中国研究所のジョナサン・ホルスラグが最初に言及したとされているが，経済発展を国家の至上課題とし，国家の安定を保ちながら政府が積極的に成長促進策をとることを指す．

中国はこの経済システムをアフリカ援助のパッケージとしており，その考えのもとでは，経済運営の手綱は政府が握り，特に金融セクターは厳しい監督下におくということで，アフリカ諸国で広く受け入れられつつある．エネルギーセクターの研究開発も政府の指導のもとに実施される．また，貿易による国際市場からの恩恵は受けつつも，場合によっては輸入制限も辞さず，政府の調達対象も限定する．これらは，自由市場ならびに金融の自由化を旨としたワシントンコンセンサスとは対極の考え方といえる．

理解を深めるための読書案内

青木昌彦『比較制度分析に向けて』(NTT 出版, 2001 年).
青木昌彦編『市場の役割 国家の役割』(東洋経済新報社, 1999 年).
ウォーラーステイン, イマニュエル『入門 世界システム分析』山下範久訳(藤原書店, 2006 年).
ウォーラーステイン, イマニュエル編『転移する時代——世界システムの軌道 1945-2025』丸山勝訳(藤原書店, 1999 年).
ウォーラーステイン, イマニュエル『新版 史的システムとしての資本主義』川北稔訳(岩波書店, 1997 年, 旧版 1985 年).
内橋克人『悪夢のサイクル——ネオリベラリズム循環』(文藝春秋, 2006 年).
絵所秀紀『開発の政治経済学』(日本評論社, 1997 年).
カルドーゾ, フェルナンド・エンリケ, エンソ・ファレット『ラテンアメリカにおける従属と発展——グローバリゼーションの歴史社会学』鈴木茂ほか訳(東京外国語大学出版会, 2012 年).
北川勝彦・高橋基樹編著『アフリカ経済論』(ミネルヴァ書房, 2004 年).
末廣昭『キャッチアップ型工業化論——アジア経済の軌跡と展望』(名古屋大学出版会, 2002 年).
速水佑次郎『開発経済学——諸国民の貧困と富』(創文社, 1995 年).
平野克己編『アフリカ経済学宣言』(アジア経済研究所, 2003 年).

第6章

ソヴィエト崩壊と歴史の終わり
──民主主義は勝利したのか

Keywords　冷戦　歴史の終わり　民主主義絶対正義論　ネオコン　9.11米同時多発テロ　中東の民主化　戦争の個人化　ポリアーキー

1　冷戦終結と「歴史の終わり」

(1)「歴史の終わり」

　冷戦(Cold War)とは，第2次世界大戦後の世界を二分した，米国を盟主とする資本主義・自由主義陣営と，ソヴィエト連邦を盟主とする共産主義・社会主義陣営との対立構造を指す．

　1991年8月，ミハイル・ゴルバチョフソ連共産党書記長は，ソヴィエト連邦の権威を維持するべく「改革(ペレストロイカ)」を進めようとしたが，改革に反抗した勢力が軍事クーデターを起こし，ゴルバチョフを滞在先のクリミアで軟禁状態においた．12月8日に，ロシアのボリス・エリツィン，ウクライナのレオニード・クラフチュク大統領，ベラルーシのスタニスラフ・シュシケビッチ最高会議議長がベラルーシのベロヴェーシの森で会談し，ソ連からの離脱と独立国家共同体(CIS)の結成で合意し12月26日をもってソ連も崩壊した．

　米国の政治学者フランシス・フクヤマは，政治学雑誌『ナショナル・インタレスト』に「歴史の終わり」という論文を発表した．端的にいえば，民主主義・資本主義が最終的な勝利を収めることで社会制度の発展が終わり，人類発展としての歴史が「終わる」というものである．つまり，「歴史の終わり」とは，国際社会においてリベラルな民主主義と資本主義が共産主義に対して最終的な勝利を収め，それにより安定した政治体制が構築されるため，国家体制を崩壊させるような戦争やクーデターのような歴史的大事件はもはや生じなくなるとされる．

　フクヤマにとって，歴史とは様々なイデオロギーの闘争の過程であり，リベラル民主主義が自己の正当性を証明していく過程である．世界史上に起こった戦争

は，本質的にはみな名誉や気概，正当性を賭けたイデオロギー闘争(階級闘争や経済的利害の衝突ではなく)であり，ソ連を含めて非民主国家はみなその不合理性ゆえに崩壊したのである．

民主主義が他のイデオロギーに勝利し，その正当性を完全に証明したとき，歴史は終わる．すなわち，歴史の弁証法的発展が完了するのである．

(2) 民主主義絶対正義論

フクヤマは，いまだ民主化を達成していない国や地域を「歴史世界」，民主化を達成した近代国家や地域を「脱歴史世界」と呼ぶ．いまだ歴史(イデオロギー闘争)の中にいる世界と，それが終わった歴史以後の世界という意味である．事実として，1870年の普仏戦争から第2次大戦まで慢性的な交戦状態にあったフランスとドイツの間には，今ではまったくといっていいほど軍事的緊張感は存在しない．米国とカナダのどちらも軍事的相互監視を行っていない(第4章)．これはフクヤマの考えを敷衍すれば歴史が終わったからである．フクヤマの説明では，ソ連が崩壊したのは，政府が軍事的に弱体化したためではなく，支配の正当性を失ったからである．

民主国家間では，軍事的に強いからといって他国に攻め入ったりはしない．逆に軍事的に弱いからといって他国に攻め込まれたりしない．民主国家同士では，互いに主権を尊重し，問題が生じた際には外交で解決するため，軍事力の行使には至らない．

ここで注意しなければならないことがある．1つは，文化の違いが紛争に影を落としている場合もあるが，同じ文化を有する者同士が殺し合いをしている事実をどのように説明するのか(第7章)，ということだ．

それは，価値相対主義を信条とするリベラル民主主義が絶対正義と化し，不寛容な政策をとる場合があることである．フクヤマは，リベラル民主主義は合理的で普遍的な正当性を持ったイデオロギーであると述べているが，これは「民主主義絶対正義論」ともいえる．これは民主主義の持つ危険性であり，矛盾である．

ブッシュ大統領が，「中東の民主化」を掲げ，力ずくでも中東に民主主義を広めるとした政策を遂行したことは記憶に新しい．中東民主化構想とは，2001年9月11日，米同時多発テロ後，テロリストの温床になるのは風通しの悪い非民主的体制に他ならないとして，米国は有志連合を形成し，「アルカイダ」の引き渡

しに応じないタリバン政権を倒すため,「不屈の自由作戦」を開始,アフガニスタンに侵攻した.また,サウジアラビア・エジプト・ヨルダンなど親米諸国に対しても,経済協力と引き換えに,政治参加の拡大を約束させた.野党を認め,選挙を導入し,メディアの自由を拡大する.市民社会はこれにより体制に対抗でき,民主主義国家が誕生した際には,欧米諸国とも友好関係を構築できると目算した.

さらにありもしない大量破壊兵器を保有しているとして,イラクに軍事侵攻を開始した.9.11 同時多発テロにイラクと関係するイスラム原理主義組織が関与していることをその口実にしたが,イラクは世俗主義,社会主義を政策としていたバアス党が政権を握った国家であった.

だが,「力」を背景に「自由」を強引に押し付けるという,内在的に二律背反したフリーダムアジェンダは,失敗を運命づけられていた.フセイン政権崩壊後のイラクでは,イランと近いイスラム教シーア派が勢力を伸ばし,パレスチナでは 2004 年 12 月に行われたパレスチナ地方議会選挙においてイスラム原理主義組織ハマスが躍進し,さらに 2006 年 1 月,パレスチナ自治評議会選挙でも定数 132 の議席中で 74 議席を獲得するなど圧勝した.ブッシュ大統領が同時多発テロ直後「十字軍の戦い」と不用意な発言をし,反感が中東諸国で広がったことも同政策失敗の一因となった.

フクヤマはブッシュ政権のイラク侵攻について,自分の歴史終焉論が米国人にある種の使命感を持たせてしまったことに困惑し,『アメリカの終わり』という著書の中で,「米国は自らの善意を信じて行動するより,国際機関を尊重しなければならない」と述べ,米国単独行動主義,ネオコンへの批判を展開した.

ネオコンとは,米国における新保守主義(neoconservatism)を指すが,2001 年同時多発テロ以降,米国において,タカ派外交政策姿勢に非常に影響を与えている考え方で,自由主義・民主主義を世界に広めることを理想とし,軍事政策や外交政策はネオリアリズム路線をとる.また,自由主義と民主主義は人類普遍の価値観であると考え,その啓蒙と拡大に努めている.

●コラム　分裂の危機に瀕するイラク
　暫定政権は 2005 年 1 月 30 日にイラクで初めての議会選挙を実施し,3 月 16 日に

初の国民議会が招集されて新政府が始動した．国家元首の役割を果たすのは，共和国大統領および2人の副大統領で構成される大統領評議会である．それぞれ，イラク国民の3大勢力である，スンニ派，シーア派，クルド人から各1名ずつが立法府によって選ばれる．大統領は，国民統合の象徴として儀礼的職務を行うことが決められたが，現在でも政権を巡りスンニ派とシーア派とクルド人勢力の3大勢力が対立し権力争いを続けている．

一時期は，内戦状態・無政府状態に陥り，自爆テロが後を絶たず，それにより米軍とイラク国防軍の介入によって流血が流血を呼び犠牲者が増えた．平均すると1日あたり約60人のイラク人が犠牲になったとされる．2011年末，米軍はイラクから撤退したが，その後も指導者たちが政権中枢において宗派対立を政治利用し，主導権争いに明け暮れ宗派間で協力体制を築けなかった．

2014年6月，アルカイダ系スンニ派武装組織「イラク・シリア・イスラム国（ISIS）」が勢力を拡大，イラクは再び混迷を深めている．シリア情勢が悪化し，武器弾薬が流入していることも過激派が増長する理由の1つである．2003年のイラク戦争から10年が経過した．イラク国家は新たな国民国家を創出できず，結局，シーア派，スンニ派，クルドという3つの宗派と民族に分裂してしまうのだろうか．

また，ネオコンは「緊急事（同時多発テロなど）には米国の国防に何ら寄与しない」として，国際連合に極めて批判的である．イラク侵攻の際は国際連合の枠外における活動を主張し，単独行動主義的であるとして，同盟諸国から批判されることとなった．

9.11同時多発テロ以降，価値相対主義を信条とするリベラル民主主義はいともたやすく絶対正義へと化し，不寛容な政策をとることになったことは，世界に衝撃を与えた．

アマルティア・センは，「自由至上主義が主張するような自由が絶対的で妥協のない優先順位を持たなければならないとの主張はきわめて受け入れがたい．我々は正義についてもっと幅の広い情報ベースを必要としている」と述べる．

2 歴史の新たな始まり

(1) 戦争の個人化

　よく考えてみると，世界は「歴史の終わり」どころか，「歴史の新たな始まり」にあるのではないか．今日の世界は果てしなく続くかと思われる紛争状態によって覆い尽くされており，民主主義の可能性はそれによって曇らされ，脅かされている．

　我々が生きている現代世界は，国家のみが国家に対して戦争を行う時代ではなく，諸個人が国家に対して「戦争(テロ行為)」をしかけることができる時代である．戦争の個人化が差し迫っているとき，市民は自分が危険人物でないことを証明する必要に迫られる．それは総監視社会出現の前触れでもある．米国で「愛国者法」が，9.11同時多発テロ直後の2001年10月26日にブッシュの署名により発効したが，その正式名称は，「テロリズムの阻止と回避のために必要な適切な手段を提供することによりアメリカを統合し強化する2001年の法(Uniting and Strengthening America by Providing Appropriate Tools Required to Intercept and Obstruct Terrorism Act of 2001)」である．

　これは2001年9月11日の米同時多発テロ事件後45日で成立し，米国内外のテロリズムと戦うことを目的として政府当局の権限を大幅に拡大させた法律で，テロに関係する行為をとったと疑われる者に対し司法当局は逮捕状なしに勾留や取調べを行うことができる．また，入国管理局に対しテロに関係するとみられる入国者を留置・追放する権限を有する．つまり，誰もがテロリストでありうるという疑いをかけられるのである．戦争の個人化は，民主主義の死をもたらす．

　従来，戦争とは主権を有する政治存在——近代においては，国民国家——同士の武力衝突であると考えられてきた．しかし，イタリアの哲学者アントニオ・ネグリと米国の文学者マイケル・ハートは，共著『マルチチュード』で戦争や政治的暴力の状況や性質は必然的に変化しており，戦争は，今やグローバルで果てしない全般的現象となりつつあるとして「今日，地球上のいたるところで数えきれないほどの武力紛争が起きており，国家がもはや有効な主権の単位でなくなった今日，戦争は国家という空間内で行われていると考えるべきではない．内戦の舞台は今やグローバルに広がっている．戦争に関する国際法の枠組みはもはや弱体化したのだ」と述べる．マルチチュードとは，地球規模で民主主義を実現する可

能性として，国境を越えるネットワーク的な権力として提唱される概念のことである．

最強国家の米国で，「愛国者法」などが出現する理由は，国家の弱体化が進んでいるからなのだろうか．最も支配的な国民国家を含む国民国家の主権が衰退し，ネグリらが主張している「マルチチュード」のような超国家的なネットワーク的な権力が出現することになるのだろうか．

民主主義は非力である．現在でも地球のどこかで紛争が起きている．リビアやシリアは内戦により経済制裁を受け，イランも核開発によって欧米と敵対している．パレスチナとイスラエルの問題は未だに解決していない．中南米では麻薬戦争が継続し，ロシアではチェチェン，ウクライナとの問題，中国ではチベット問題など，様々なところで問題が起きている．国家は他方でこうした問題に対処できていない．戦争状態は，空間的に地球規模であるばかりか，時間的にも長期にわたっており，その終わりはまったく見えない．

さらに気がかりなのは，この「テロリスト」の論理を使用して，圧政者が国民（反体制派や少数民族）を弾圧していることである（第9,10章）．"将来のリーダー"と目される中国も2014年5月，超法規的手段でテロ分子を撲滅すると宣言し，新疆ウイグル自治区で習近平中国共産党指導部に反発する少数民族ウイグル族の活動家を「対テロ戦争」の一環として強硬に取り締まっている（第14章）．このまま行けばネグリとハートが主張するように戦争が常態化し，あらゆる社会生活を圧殺していくことであろう．社会は武器に埋めつくされたまま，民主主義は虚脱状態に陥っていこう．

(2) 民主主義とは何か

ところで，民主主義とは何か．「歴史の終わり」論争が，民主主義そのものへの理解を深めるきっかけとなったという点は忘れてはならないだろう．国際関係論で多くの著作があるサミュエル・P. ハンティントンは，1974年以降，ポルトガル，スペイン，ギリシア等，世界各地でみられた非民主主義国から民主主義国への移行を，民主化の「第三の波」と名づけたが，米国の比較政治学者ラリー・ダイヤモンドは「第三の波の終わりか？」の中で以下の疑問を呈した．「いったい民主主義とは何をもって民主主義とするのか？」（Diamond 1996）．なぜなら冷戦後の90年代に入り，多くの国家が民主化したとされたが，そこには問題含み

の事例が少なくない．ダイヤモンドは，冷戦後，民主化途上にある多くの国家が「民主主義国家」を標榜している中，選挙が行われていることを第1と考える「選挙民主主義」から，意味のある競争と参加を可能にする市民の自由に立脚した「自由民主主義」へ深化し，さらに発展して持続するようにならなければならないと述べた．実際のところ，中東・北アフリカ地域では，1989年から2010年まで実に100以上の選挙が実施されている（福富 2011）．

特に，東西冷戦終結以降，自由民主主義の勝利が叫ばれて以来，誰もが自由で，潜在能力を十全に発揮できる民主主義は普遍的で，現代における統治システムにおいて最良であると信じられてきた．だが，実際のところ民主化したとされる多くの国では，いったんは複数政党制へ移行しても，独裁体制へと逆戻りした例も少なくない．それらの国は実質的に民主主義が機能しておらず，権威主義体制と民主主義体制の間を揺れ動く「グレーゾーン」に他ならず，そこに残ったのは，政治学者が名づけた，「半民主主義」，「形式的民主主義」，「選挙民主主義」などの様々な"形容詞つき"の民主主義体制であった．

民主化支援の専門家トーマス・キャロサーは，こうした民主主義の"行き詰まり"について，2つの要因を挙げている．1つは，「無能な多元主義」である．もう1つは，「覇権政治」である（Carothers 2002）．

キャロサーによると前者においては，政治的自由，定期的選挙，異なった政治勢力間における政権交代もある．しかし，選挙はただ単に問題を先送りするだけの"不幸な儀式"に過ぎない．総じて投票率も低く，市民は結果についても無関心である．エリートと市民は完全に乖離している．なぜなら政治家は汚職にまみれ，私欲を追求している場合がほとんどだからである．経済パフォーマンスは停滞し，有効な政治改革ならびに社会制度改革は実行されることがない．国家は犯罪や汚職から福祉，教育，公衆衛生など，ありとあらゆる問題に直面している．ラテンアメリカ諸国はほとんどがこのタイプに当てはまるとしている．旧ソ連圏では，ウクライナ，アジア圏では，ネパール，バングラデシュ，タイ，サブサハラ・アフリカ圏ではマダガスカル，ギニアビサウ，シエラレオネなどもこのタイプである．

後者の場合は，事実上一党覇権体制となっていて，国家と党の境界線がはっきりせず，実質的に政権交代の可能性がないことが最大の特徴である．そこでは仮に野党および反対勢力の存在が認められている場合ですら，その異議申し立ては

表5 フリーダムハウスの分析による世界の民主化の傾向

	国家	自由	部分的自由	不自由
1975	158	40(25%)	53(34%)	65(41%)
1980	162	51(31%)	51(31%)	60(37%)
1985	167	56(34%)	56(34%)	55(33%)
1990	165	65(40%)	50(30%)	50(30%)
1995	191	76(40%)	62(32%)	53(28%)
2000	192	86(45%)	58(30%)	48(25%)
2005	192	89(46%)	58(30%)	45(24%)
2010	194	87(45%)	60(31%)	47(24%)
2014	195	88(45%)	59(30%)	48(25%)

出所：Freedom in the World 2011, Freedom House 2011, 2014.

注：民主主義の測定は，2側面から行われている．1つは政治的権利(political rights)で，市民は野党を形成し，選挙によって意見を表明でき，かつ政府を担うことができるか等を主要要件とする．もう1つは市民の自由(civil liberties)で，言論の自由や信教の自由など個人の諸自由が認められているかどうか等を主要要件とする．

極めて限定的で，司法にいたっても，政権寄りであることが少なくない．また経済活動，メディア，警察，様々なアクターは政権政党の支配下にある．選挙は，国際社会において正当性を見せつける道具であるため，巧妙に操作される．無能な多元主義型の毀誉褒貶する政治体制に比べて覇権政治型は極めて安定しているが，それだけに長い政権維持のため，汚職は広い範囲で観察される．だがそれも野党や反対勢力が無能なために，抜本的な解決策は見当たらない．旧ソ連圏，中央アジア，北アフリカ・中東の権威主義体制はほとんどがこのタイプに当てはまる．

(3)「病的な均衡」

キャロサーの議論で重要だと思われるのは，どちらの政治形態でも，ひとたびその形態に落ち着くと，「病的な均衡」に陥ってしまうという見解である．

民主主義の導入に関して，一定の前提条件があると述べるのはキャロサーだけではない．例えば2000年から10年までニューズウィーク誌国際版の編集者とコラムニストを務め，現在はタイム誌とワシントンポスト紙のコラムニストとして，またCNNのアンカーとして政治・経済，双方の観点から世界情勢を分析してき

たファリード・ザカリアは，最初から民主主義を求めるのではなく，まず人権の保障が宣言された法に従って権力分立を原理とする統治システムである立憲主義を確立することが先だと述べる(Zakaria 2004)．

　法の支配のもと，個人の権利(言論の自由，所有の自由，信教の自由)が守られ，そのことが将来に向けた対話を可能にし，責任ある市民社会を醸成する．そこには政治の操作から独立した司法と広範な政治改革が必要とされ，政治的自由と民主化を達成するうえで重要な条件となる．

3　ポリアーキーの実現へ向けて

　だが，法の支配が確立されれば民主主義が根づくとも限らない．実際のところ，個人によるものであれ，軍部主導型であれ，独裁体制の民主化は容易ではない．国際社会による民主化支援は「司法改革」「議会強化策」「市民社会援助」「メディア支援」「政党発展策」「市民教育」「選挙プログラム」をそのまま決められた通りに実行するだけでは不十分である．「無能な多元主義」型非民主体制においては，政党を含む政治参加者の質や多様性を考慮しながら市民社会と政治を結びつける努力をする必要がある．「覇権政治」型非民主体制においては，一体化した国家と党の境界に再び切れ目を入れるようにして，代替となる政党への支援を実行しなければならない．そして政策決定過程への参加から社会経済領域の改革を目指した労働法や銀行法，税法など経済法の整備も民主化を推進するうえで重要になる．自由経済システムの推進は自由経済が資本主義経済に立脚していることから契約を必要とするため，法の支配を結果的に導くからである．だが，自由経済が必ずしも民主主義をもたらすわけではないのは，中国を見ればわかる．

　いずれにせよ，力を背景にした「中東民主化構想」が失敗に終わったように，軍事力を背景にした民主主義・立憲主義の拡充は，強制と自由という論理的矛盾を内包するため自己崩壊を招く．

　かつて米国の政治学者ロバート・ダールは，民主主義の重要な特性は，市民の要求に対して政府が政治的に公平に，常に責任をもって応えることであるとした．そのためには，少なくとも次の8つの条件を満たしていなければならない．①組織を形成し参加する自由，②表現の自由，③投票の自由，④公職への被選挙権，⑤政治指導者が民衆の支持・投票を求めて競争する権利，⑥多様な情報源，⑦自

由かつ公正な選挙，⑧政府の政策を，投票あるいはその他の要求の表現にもとづかせる諸制度，これらが十分に満たされた体制を「ポリアーキー（Polyarchy）」という．ポリアーキーは，ギリシア語の多数を意味する poly と，支配を意味する arkhe に由来している．

　病的な均衡から脱却するためには，このポリアーキーが実現した社会をいかに構築するのか，に視点を移すべきである．民主主義とはいったい何か，何をもって最良のシステムとするのか，については，慎重な議論を要する．しかし，筆者は，誰がどのような原理に基づいて統治するのかを人々が決定する機会を準備するためには，いつの時代のいかなる社会にとっても，上記 8 つの条件は，守られるべき普遍的な自由権であり，基本的人権の 1 つだと考える．この 8 つの条件は，現在でも考えうる最良の政治システムを構築するうえで，ある人がより自由に生きるために不自由の主要な原因を取り除くための有効な究極の最低条件であると考えるがどうだろうか．

　本章以降では，世界の多くの国でポリアーキーが達成できない理由は何かについてさらに考えていきたい．8 つの条件を 1 つずつ獲得していくことを国際社会はどのように支援していくべきであろうか．8 つの条件それ以前に国家が破綻している場合はどうしたら良いのだろうか．

理解を深めるための読書案内

　ザカリア，ファリード『民主主義の未来——リベラリズムか独裁か拝金主義か』中谷和男訳（阪急コミュニケーションズ，2004 年）．
　スミス，トム・ロブ『チャイルド 44（上・下）』田口俊樹訳（新潮文庫，2008 年）．
　セン，アマルティア『自由と経済開発』石塚雅彦訳（日本経済新聞社，2000 年）．
　ダール，ロバート『現代政治分析』高畠通敏訳（岩波現代文庫，2012 年）．
　ダール，ロバート，ジャンカルロ・ボセッティ編『ダール，デモクラシーを語る』伊藤武訳（岩波書店，2006 年）．
　ダール，ロバート『デモクラシーとは何か』中村孝文訳（岩波書店，2001 年）．
　ダール，ロバート『ポリアーキー』高畠通敏・前田脩訳（三一書房，1981 年）．
　トッド，エマニュエル『最後の転落——ソ連崩壊のシナリオ』石崎晴己・中野茂訳（藤原書店，2013 年）．
　ネグリ，アントニオ，マイケル・ハート『マルチチュード——帝国時代の戦争と民主主義（上・下）』幾島幸子訳（NHK 出版，2005 年）．
　ネグリ，アントニオ，マイケル・ハート『〈帝国〉——グローバル化の世界秩序とマルチ

チュードの可能性』水嶋一憲ほか訳(以文社，2003 年).
ハンチントン，サミュエル『第三の波——20 世紀後半の民主化』坪郷実ほか訳(三嶺書房，1995 年).
福富満久『中東・北アフリカの体制崩壊と民主化』(岩波書店，2011 年).
フクヤマ，フランシス『歴史の終わり(上・下)』渡部昇一訳(三笠書房，2005 年).
山内昌之『帝国とナショナリズム』(岩波現代文庫，2012 年).
リンス，ホアン・J.『全体主義体制と権威主義体制』高橋進監訳(法律文化社，1995 年).

第7章

紛争と宗教・文化

Keywords 文明の衝突　フォルト・ライン紛争　イスラエル・パレスチナ問題　中東和平　ユーゴスラヴィア紛争　NATO

1 紛争のかたち

(1) 現代の紛争

現代世界の紛争はどのようなかたちをとっているのだろうか．かつての紛争の争点は，領土と労働力を含めた資源だったが，近年では，統治者の支配の正当性に移っており，それに伴って紛争の政治力学は，侵略／防衛という水平的関係から，支配／抵抗という垂直的関係へと移行している．つまり大国による支配の正当性を問う戦争から，国家内の支配の正当性を問う戦争へと時代は移り変わっているのだ．

以下，図6(1)は，第2次世界大戦以来の武力紛争，すなわち，①国家と国際システム外にある政体(植民地等)間の武力紛争，②国家間戦争，③国際化した内戦，④内戦，の頻度を表している．なお，武力紛争・戦争とは1000人以上の戦死者が出たものである．

これを見ていくと，かつて戦争は，大国相互間，もしくは大国による途上国の支配征服のための帝国主義的な戦争が主であったが，宗主国からの独立戦争，つまり民族解放戦争は，1975年頃までには姿を消し，一方で1972年頃からは内戦が増加していったことがわかる．つまり戦争形態は，旧宗主国から，権力を掌握している為政者に対する正当性を問う戦争へと変化した，ということができよう．

第2次大戦後，国家間戦争はほとんどなくなったということで，冷戦は「長い平和」の時代であったということは疑いない．しかし，他方で内戦は1992年をピークにして急拡大していること，現在は減少しているが，それでも30を超える内戦が起きていることは忘れてはならないだろう．

図6(2)は，地域別頻度を表している．欧州，米州(南北アメリカ)，中東，ア

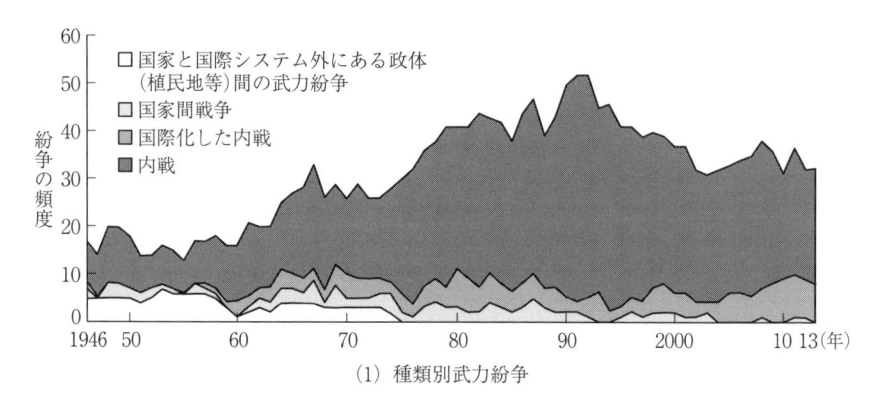

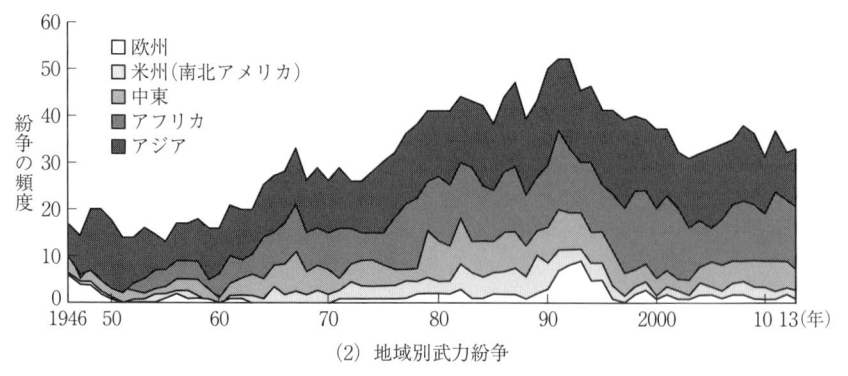

図6 種類別・地域別武力紛争(1946-2013年)
(ウプサラ紛争データ・プログラム〈スウェーデン・ウプサラ大学〉より)

フリカ,アジアのうち,欧州での紛争は冷戦終結直後から5年間ほど記録されているが,それ以降は2,3の紛争にとどまっていること,紛争は,アジアの場合は第2次大戦以降現在まで,アフリカの場合は,70年代から現在までほとんど同じ規模で推移していることが観察できる.

(2) 文明の衝突とその問題

ハンティントンは,『文明の衝突』(1996年)で,冷戦終結後,それまでのアメリカとソヴィエトによって形成されたイデオロギーの勢力圏に代わって,それぞれの文明の勢力圏が新たな断層線(フォルト・ライン)を生み出し,そこで冷戦中にはなかった紛争が頻発するようになっていくと説明している.フォルト・ライ

第7章　紛争と宗教・文化

ン紛争とは文明圏の間で生じる紛争であり，フォルト・ライン戦争はこれが暴力化したものを指す．すなわちハンティントンは，文明による価値観の違いが衝突を生むと主張するのに対し，フクヤマは，発展途上国の宗教戦争や民族紛争は，民主主義理念の普及が不十分だから起こる，と論じたのである．

ハンティントンは，フクヤマの「歴史の終わり」に対し，支配的な文明は，人類の政治の形態を決定するが，持続はしないとして「歴史は終わらない」と主張した．ハンティントンにとって，文明は文化的なまとまりであって，政治的なまとまりではない．他方で文明は人間のアイデンティティとして最大限のものとして成立しているという．

また，同氏によると，米国とソ連の超大国に対し，諸国の関係は同盟国，衛星国，依存国，中立国，非同盟国のどれかに属していた．しかし，冷戦後は1990年代以降に世界的なアイデンティティの危機が出現し，人々は血縁，宗教，民族，言語，価値観，社会制度などを極めて重要なものとみなすようになり，文化の共通性によって協調や対立が促されたのだという．こうした考えは正しいだろうか．

また，同氏は，「戦争は必ず終結するものと考えられているが，フォルト・ライン紛争は必ずしも将来終結するとは限らない．なぜならフォルト・ライン紛争とは文明間の異質性に根ざしたものであるからだ」とも言及している．そして，主要文明が有する文明圏の分布を以下のように示す．

中華文明　紀元前15世紀頃に発生し，儒教に基づいた文明圏であり儒教文明とも呼ぶ．中核は中国だが，朝鮮，ベトナム，シンガポール，台湾から構成される．

ヒンドゥー文明　紀元前20世紀以降にインド亜大陸において発生したヒンドゥー教を基盤とする文明圏である．

イスラム文明　西暦7世紀から現れたイスラム教を基礎とする文明圏である．

日本文明　西暦2-5世紀において中華文明から派生して成立した文明圏であり，日本1国のみで成立する文明である．

東方正教会文明　西暦16世紀にビザンティン文明を母体として発生した文明圏である．

西欧文明　西暦8世紀に発生し，キリスト教に依拠した文明圏である．

ラテンアメリカ文明　西欧文明と土着の文化が融合した文明で，主にカトリックに根ざしている文明圏である．

アフリカ文明　アフリカ世界における多様な文化状況に配慮すれば，文明の存在は疑わしい．

　だが，世界を見渡してもわかるように，多くの戦争が同じ文明，文化領域で起きていることは心にとどめておく必要がある．これまで中東・北アフリカ内でどれだけの衝突があっただろうか．他方，中東地域のイスラム教国を例にとっても，米国と深い関係にあるサウジアラビアやヨルダン，エジプトやモロッコという国もあれば，イランやリビアのように米国と長年敵対している（きた）国家もある．したがって，文明あるいは宗教が違えば，衝突する，というのは正確に的を射ていない．

　ハンティントンの間違いは，まず，文明とそれを支える宗教や文化の相違が国際政治や紛争において重大な役割を果たしていると主張していることである．宗教や文化の相違から対立が生まれている事例がなくはない．しかしそれがすべてではない．そもそも文明とは何か．ハンティントンの説明では，文明とは「未開状態の対置概念であり，文明は包括的な概念であり，広範な文化のまとまりである」とされている．文明の輪郭は言語，歴史，宗教，生活習慣，社会制度，さらに主観的な自己認識から見出される．だが，衝突の原因を単純に文化という問題に帰着させることはできない．紛争は，これから見ていくように歴史や地理，経済や貿易関係，あるいは政治リーダーの資質が複雑に絡み合う現象なのである．

　まず，ハンティントンのいう宗教が対立点となっている，あるいはなったと考えられる冷戦期から続いているパレスチナ紛争，第2次大戦後のヨーロッパで史上最大の戦争となったユーゴスラヴィア紛争に議論を移そう．パレスチナ紛争では，歴史に翻弄された民族の悲劇が明らかになるだろう．ユーゴスラヴィア紛争では，冷戦終結後，イデオロギー対立の軛(くびき)から解放され，国境の意味が問い直されることを契機として民族紛争が生起するようになったことがわかるだろう．

　第8章では，民族と領土について，第9章では，資源について焦点を当てていきたい．

2 パレスチナ問題

(1) 帝国主義の犠牲

　イスラエル・パレスチナの地には，ユダヤ人とパレスチナ人の長い歴史が横たわっている．3000年以上もの歴史を一言で語ることは到底不可能だが，最初にイェルサレムを聖地としたのはユダヤ教であった．紀元前1020年に興ったイスラエル王国の2代目ダヴィデ王は，ここを聖地として息子ソロモンに王家を継いだのだった．この王国は，ノアの洪水後，神による人類救済のために選ばれ祝福された最初の預言者アブラハムの子孫によって建てられた王国であった．ダヴィデから国を引き継いだソロモンはここに神殿を建てたのだが，その後，国家は分裂，バビロニアが攻め込んで人々は捕虜としてこの土地から連れだされ(「バビロン捕囚」)，さらにローマ軍によって神殿は取り壊されてしまったのである．唯一残るのが，神殿の一部の壁である．それが「嘆きの壁」である．

　キリスト教にとっても，イェルサレムは，イエスが十字架にかけられ，復活した地であり，イスラム教にとっても預言者ムハンマドが亡くなるとき，神が天使ガブリエルを遣わし，翼のある天馬で神殿の丘から昇天したといわれていることから聖地となっている．

　この地は以後，イスラム教徒の勢力に入り，十字軍に支配されたり，オスマントルコに支配されたり，英国統治下に入ったりとさまざまな政体や軍に支配されてきた．しかし19世紀に入ると，カトリック教会，ユダヤ教会がイェルサレムでの優位を主張するようになり，イスラム教徒とも衝突することとなる．

(2) 三枚舌外交

　第1次世界大戦において連合国側の英国は，オスマン帝国に対し側面から攻撃を加える意図のもと，シャリーフ・フサインの統治下にあったアラブ人に対してオスマン帝国への武装蜂起を呼びかけた．その際この対価として1915年10月，この地域の独立を約束したのであった(フサイン＝マクマホン協定)．

　他方，膨大な戦費を必要としていた英国はユダヤ人豪商ロスチャイルド家に対して融資を求めていた．世界各地に拡散したユダヤ人の中で，シオンに還ろうという運動(初期シオニズム)が20世紀に入り本格化すると，英国の外相アーサー・バルフォアは，1917年ユダヤ人国家の建設を支持して，シオニスト連盟会

長だったロスチャイルド家からの資金援助を得ることに成功したのであった(バルフォア宣言).

しかし，英国は同じ連合国であったフランス，ロシアとの間でも大戦後の中東地域の分割を協議しており，本来の狙いはこの地域に将来にわたって影響力を確保することであった(サイクス＝ピコ協定).こうしたイギリスの「三枚舌外交」は，ロシア革命が起こると，レーニンら革命政権によって外交秘密文書が公表されるに至り，反乱を主導したフサインの不信を招くことになるのである.

(3) イスラエル独立と中東戦争

大多数が不法移民であったユダヤ人の人口は当初パレスチナ人口の3分の1で，ユダヤ人の土地の所有はわずか7％に過ぎなかった．ユダヤ人テロ組織のテロと米国の圧力に屈した英国は，遂に国際連合にこの問題の仲介を委ねてしまう．

1947年11月29日の国連総会では，パレスチナの56.5％の土地をユダヤ国家，43.5％の土地をアラブ国家とし，イェルサレムを国際管理とするという国連決議181号(通称パレスチナ分割決議)が，賛成33・反対13・棄権10で可決された．米国，ソ連，フランス，ブラジルなどが賛成し，アラブ諸国は当然のことながら反対した(英国は棄権).

1948年2月，アラブ連盟加盟国は，カイロでイスラエル建国阻止を可決した．アラブ人・ユダヤ人両者によるテロが激化する中，1948年3月，米国は国連で分割案の支持を撤回し，パレスチナの国連信託統治を提案したものの，同年5月，英国のパレスチナ委任統治が終了すると，パレスチナ分割決議を根拠に，14日，イスラエルが独立を宣言し，ユダヤ人国家が約3000年ぶりに誕生したのであった．

イスラエル独立と同時にアラブ連盟5ヵ国(エジプト，トランスヨルダン，シリア，レバノン，イラク)は独立阻止を目指してパレスチナに進攻し，第1次中東戦争が勃発した．以降，第2(56年)，第3(67年)，第4(73年)と，中東諸国による対イスラエル戦争が続いた．

特に，1973年10月にエジプトとシリアがイスラエルを奇襲し始まった第4次中東戦争(ラマダン戦争，ヨム・キプール戦争)は，石油輸出国機構(OPEC)加盟国のうちペルシャ湾岸6ヵ国が，イスラエルを占領地から撤退させるまで石油生産の5％以上を毎月削減するとの決議を可決し，それによって石油危機が起こる

など国際政治に多大な影響を与えることとなった．ペルシャ湾岸6ヵ国は，1バレル当たり3.01ドルから5.12ドルへ70%引き上げることを発表した．

1974年10月，アラファト議長をリーダーとするパレスチナ解放機構(Palestine Liberation Organization: PLO)は国連でオブザーバーの地位を獲得したもののイスラエルは認めようとしなかった．1978年9月，カーター米大統領は悪化し続ける中東情勢の安定を目指し，エジプトのアンワル・サダト大統領，イスラエルのメナヘム・ベギン首相を説得し，1967年の第3次中東戦争によってイスラエルが占領したシナイ半島をエジプトに返還する代わりに両国の間で和平条約を締結することを提案し，1979年3月，調印にこぎつけた．

ところが，1981年10月，サダト大統領がイスラエルとの和平を結んだことが原因で過激派に暗殺されると和平交渉は中断することとなった．イスラエルはシナイ半島を返して平和国家になるという予想を裏切り，1982年6月，レバノンに侵攻し，レバノン戦争が勃発した．侵攻の理由はPLOがベイルートを本拠にしていたからである．PLOはベイルートから撤退し，9月にはレーガン米大統領が中東和平案を提示すると，アラブ首脳会議でイスラエルの生存権を認める「フェズ憲章」が採択された．だが，両陣営間での和平協議は以降も滞ることとなった．

(4) 頓挫した中東和平

和平のためのロードマップは18年の時間を経て，クリントン米大統領により2000年7月，キャンプ・デービッド会談で，合意寸前まで進んだものの，アラファト議長，イスラエルのエフード・バラク首相が最終的な和平案を拒否し，現在に至っている．理由はイスラエルがパレスチナ人の帰還権を認めなかったこと（帰還権を認めれば，人口構成が大きく変わり，ゆくゆくはユダヤ国家としての存在を危うくする可能性があるため），ヨルダン川西岸地区への入植を停止することができなかったこと，そしてイェルサレム首都問題が解決しなかったためである．

イスラエル政府は，占領中のヨルダン川西岸地区に入植者を送り込み，一般市民を不法な領土拡張政策に利用している．イスラエル人の入植者たちがパレスチナ人住民のオリーブ畑を耕して自分たちの土地としたり，住宅を建てるなどして，現在もなお拡張政策を進めている．

これに対して,「反乱」「蜂起」を意味するインティファーダが起こっている.だが,パレスチナ人の自爆テロは,イスラエル側が建設した分離壁(次項)によって困難になる中,イスラエル側は戦闘ヘリコプターや戦車による砲撃,銃撃などでパレスチナを攻撃しており,子供などを含む多数のパレスチナ市民が犠牲になっている.イスラエル軍の攻撃は,水道施設や発電所などのインフラにも及んでいる.

　米国はイスラエルと極めて関係が深く,国連安保理でイスラエルを非難する内容の決議案が出されると,ほぼ確実に拒否権を発動しており,軍事援助も継続して行っている.例えば,2002年4月にイスラエル軍のジェニン地区侵攻でパレスチナ人の虐殺が行われたとパレスチナが訴えたが,イスラエルはこれを否定して,国連の査察受け入れを拒否し,米国もそれを黙認した.2007年7月,イスラエルのエフード・オルメルト首相が明かしたところによると,イスラエルは米国から,10年間で300億ドル,年換算で30億ドルの軍事援助を取り付けた.これまでは年間24億ドルだったのだが,それでもこの金額は,イスラエルの軍事費の2割以上に相当する.中東でイスラエルとはじめて和平条約を結んだエジプトにもいわば「恩賞」として毎年多額の援助が米国によってなされている(第9章).

　米国以外の国はイスラエル・パレスチナ問題に対してどのような立場をとっているのだろうか.ドイツは,ナチスによるユダヤ人虐殺(ホロコースト)の負い目もあって,イスラエルの全面支援を表明している.その他の欧州諸国は,パレスチナは未承認だが,米独に比べるとイスラエルに批判的である.日本もパレスチナは未承認であり,イスラエルと将来の独立したパレスチナ国家が共存共栄する2国家解決を支持する立場から,①各当事者に対する政治的働きかけ,②将来の国づくりに向けたパレスチナ支援,③両当事者間の信頼醸成を主要な3本柱として取り組んでいる.1993年以降,対パレスチナ支援は約13億5000万ドル(米,EUに次ぐ規模)である(外務省).

(5) イスラエルによる壁の建設

　イスラエルはパレスチナ人居住区と自国住民を分断する壁を一方的に築いている.イスラエルは「壁」ではなく「柵」であると主張し,「反テロフェンス」と呼んでいるが,高さ8メートルの厚いコンクリート製である.イスラエル領域外

写真2 イスラエルによる「柵」とされるコンクリートの壁(2013年1月28日，イェルサレム東側のヨルダン川西岸地区から筆者撮影)

の入植地を囲むかたちで建設が進められており，第1次中東戦争の停戦ラインでパレスチナ側とされた領域も壁の内部に取り込まれていて，事実上の領土拡大を進めている．

2004年7月9日，国際司法裁判所(ICJ)は，壁の建設を国際法違反とする判決を下したが，しかしながらイスラエル側は現在も壁の建設を続行している．

また，壁をつくるだけではなく，道路の通行規制も行っている．パレスチナ自治区であるべき地域に，イスラエル人専用道路(パレスチナ人立ち入り禁止)や，パレスチナ人が通行制限されている道路が多数存在している．さらに，イスラエルは要所に検問所を設け，通行規制を行っており，そのためパレスチナの多数の病人や怪我人が治療できない状態になっている．

現在もなお，リビアやシリアやイランはイスラエルと国交がなく，これらの国はパスポートにイスラエル入国のスタンプがあるだけで入国を認めていない．戦争は今も継続している．

3　ユーゴスラヴィア紛争

(1) 冷戦終結の影響

　ユーゴスラヴィアで起きたボスニア紛争とコソヴォ紛争とはいったい何が原因だったのだろうか．世界が冷戦終結に向かう1980年代末，ユーゴスラヴィア社会主義連邦共和国においても新しい時代の胎動が始まっていた．

　1945年から連邦を構成したセルビア，マケドニア，モンテネグロは，約500年にわたるオスマントルコの支配を経験していたことで，また，スロヴェニア，クロアチアは，オーストリア＝ハンガリー帝国の支配下にあったことで，ユーゴスラヴィアは，国内に3つの宗教(カトリック，セルビア正教，イスラム教)と5つの民族(セルビア人，クロアチア人，スロヴェニア人，モンテネグロ人，マケドニア人)を抱える「モザイク国家」となっていた．

　だが，ナチス・ドイツによるユーゴスラヴィア占領下，抵抗運動を指揮したヨシップ・ティトーが1945年首相に就任すると，カリスマ的指導力で民族を束ねていった．1953年から同氏は，ユーゴスラヴィアの大統領としてソ連と一線を画した社会主義政策(自主管理社会主義)を展開し，非同盟運動を推進して第三世界の主要国の地位を確立するのである．

　だが，ティトーが80年に亡くなると，時代の潮流を受けてそれぞれが連邦離脱を望み，独立を求める動きが表面化するようになっていた．冷戦終結後の1990年4月，クロアチアで民族主義者フラニョ・トゥジマンがクロアチア大統領に選出されると，「クロアチア民族の自治権に基づくクロアチア人のための純潔国家の樹立」を宣言，1991年6月19日，クロアチアで独立の可否を問う国民投票が実施され，78％が独立に賛成した．これを受けて6月25日にクロアチアはスロヴェニアとともにユーゴスラヴィアからの離脱を宣言した．

　これに対してクロアチア独立に反対するクロアチア共和国内のセルビア人が強く反発し，1991年7月，ユーゴスラヴィア連邦軍が「クロアチア共和国内のセルビア人保護」を目的として首都ザグレブへ侵攻した．なお，ユーゴスラヴィア連邦軍がクロアチア紛争に参戦するのとほぼ同時に，欧州共同体(EC)は，死刑を廃止したフランスの司法相ロベール・バダンテールを議長とするバダンテール委員会を作って和平会議に向けた協議を開始した．1991年9月，ハーグ和平会議で示されたEC和平案は，①少数民族に特別の地位を認めること，②連邦から

図7 紛争後の旧ユーゴスラヴィア

離れる共和国の自決権を認めること，③共和国間の国境の線引きは，話し合いで合意したとき以外は変えられないこと，を内容とするもので，各共和国が連邦から離れてEC型の国家連合を作ることを想定したものであった(多谷 2005).

和平交渉の末，1991年11月末，セルビアのスロヴォダン・ミロシェヴィッチ大統領は，国連が国連保護軍(UNPROFOR)をクロアチアに派遣するという条件で停戦案をのみ，クロアチア停戦に合意した．しかし，クロアチアのセルビア人勢力は，クロアチアでのマイノリティに陥ることを怖れ，1991年12月，自治区クライナでクライナ・セルビア人共和国の樹立を宣言して停戦に反対．この事情のため，UNPROFORの展開は1992年春まで待たなければならなかった．

ミロシェヴィッチは，ベオグラード大学法学部卒業後，ベオグラード銀行等，実業界で活躍後，1978年政界に転じ，1982年ベオグラードの共産主義者同盟幹部，1986年セルビア共和国共産主義者同盟幹部会議長，1989年セルビア共和国幹部会議長に就任．1990年，セルビア民族主義を掲げ権力強化に利用し，セル

ビア共和国大統領にまで上り詰めた人物であった．

(2) ボスニア・ヘルツェゴヴィナ紛争

一方，クロアチアの独立宣言をきっかけに，ボスニア・ヘルツェゴヴィナでも独立を求める機運が高まっていった．民族構成の44%を占めるボシュニャク人（ムスリム人）主導のボスニア・ヘルツェゴヴィナ政府は，33%を占めるセルビア人の反発を無視し1991年10月，主権国家宣言を行った．

1992年2月29日から3月1日にかけて独立の賛否を問う住民投票を行ったところ，セルビア人の多くが投票をボイコットしたため，90%以上が独立賛成という結果に終わった．これに基づいて，ボスニア・ヘルツェゴヴィナは独立を宣言，4月6日にはECが独立を承認し，5月には国際連合に加盟した．独立に不満を抱いていたセルビア人は，ECが独立を承認したことを不服として大規模な軍事行動を開始した．

以後，セルビア人とボシュニャク人が対立し，3年半以上にわたり戦争となった．これがボスニア紛争である．両者は全土で覇権を争って戦闘を繰り広げた結果，20万人の死者，200万人の難民が発生したほか，優位に立ったセルビア人が民族浄化を目的にボシュニャク人男性を殺害，女性を性的に暴行し，長期隔離して強制出産させるなど，第2次世界大戦後のヨーロッパで最悪の紛争となった．特に，スレブレニツァで起きたムスリム人虐殺は，旧ユーゴ国際刑事裁判所（ICTY）の判決（2004年）でジェノサイドの罪が認められた初の事例となった．スレブレニツァの虐殺とは，1995年7月，セルビア人勢力が，ムスリム人居住地区スレブレニツァを制圧して，ムスリム人約7000人を生き埋めにした事件のことで，スレブレニツァを守っていた国連のオランダ人部隊が傍観者の態度に終始したとして非難の的となった．だが，UNPROFORは，正当防衛は別として，攻撃する権限を与えられていなかったのである．

紛争の泥沼化に対してブトロス・ガリ国連事務総長は，当事者に和平の意思がみられない情勢下にUNPROFORの撤退を示唆，クリントン米大統領は，撤退と駐留継続の間で揺れるNATOに亀裂が生じかねないことを懸念して，1995年末までに米国が2万5000人の軍隊を派遣し，UNPROFOR撤退の道筋をつくることとなった．1995年11月，オハイオ州デイトンの空軍基地に，ムスリム人勢力代表のアリヤ・イゼトベゴヴィッチ，クロアチアのトゥジマン，セルビアのミ

写真 3 今も残るセルビアの首都ベオグラードにある旧防衛省の空爆跡（2013 年 3 月 10 日，ベオグラードにて筆者撮影）

ロシェヴィッチが集められ，和平交渉が行われた結果，停戦を約束するデイトン合意が締結された．

（3）コソヴォ紛争

しかし，デイトン合意から約 3 年後，セルビア領内コソヴォ自治州内においても人口約 190 万人の 90％ を占めるアルバニア人と 10％ 程度のセルビア人とが対立し，衝突がエスカレートしていった．

1997 年，ユーゴスラヴィア連邦共和国（新ユーゴ）第 3 代大統領に就任したミロシェヴィッチは，コソヴォ自治州の独立を押しとどめるべくアルバニア人に対する攻撃を強化した．西側諸国の外交努力（ランブイエ和平案）もミロシェヴィッチの拒否にあって挫折．ここに至って，米国をはじめとする NATO 諸国は，力で譲歩を迫るべく，「セルビア人勢力の残虐行為からアルバニア人を守る」ことを名目に，1999 年 3 月 24 日からはセルビアの首都ベオグラードの空爆を始めた．

1999 年，セルビア領内コソヴォ自治州内においてセルビア人勢力によるアルバニア人の虐殺容疑でミロシェヴィッチは NATO 空爆の最中の 5 月 24 日に起訴された．2000 年秋，国民による直接投票となったユーゴスラヴィア連邦大統領選挙の際，選挙不正に怒った国民の抗議行動，いわゆる「ブルドーザー革命」により退陣し，連邦大統領の座をセルビア民主野党連合のヴォイスラヴ・コシュトニツァに譲った．

ミロシェヴィッチは，経済援助を条件にするNATOの圧力の下，2001年4月に職権濫用と不正蓄財の容疑で逮捕・収監され，10月には，コソヴォ紛争でのアルバニア人住民に対するジェノサイドの責任者として人道に対する罪で追起訴された．その後，国連旧ユーゴスラヴィア国際戦犯法廷（オランダ・ハーグ）に身柄を移送され，以降人道に対する罪などで裁判が行われたが，審理・拘留中に死去した．

4　政治が利用する宗教対立

　7つの国境，6つの共和国，5つの民族，4つの言語，3つの宗教，2つの文字，1つの国家と表現された旧ユーゴスラヴィアは，ティトーというカリスマ的指導者が亡くなった後，まるでドミノが倒れるように，民族自決要求がさらなる民族自決を呼び，分裂していったことは誠に興味深い．冷戦が今も続いていたら，旧ユーゴスラヴィアは，同一国家としてまとまっていただろうか．あるいはティトーのようなカリスマ的指導者が現れていたら，連邦は存続していただろうか．

　ハンティントンが文化を重要視するのは，文化とは人間が社会の中で自らのアイデンティティを定義する決定的な基盤であり，そのため利益だけでなく自らのアイデンティティのために政治を利用することがあるという理由からであった．

　しかし，逆に政治が文化や宗教を利用している例があることに注意が必要である．イスラエル・パレスチナ問題のような根深い対立を見ていくと，歴史的な対立の経緯は軽視され，ことさら宗教対立ばかりがクローズアップされる．だが，冷静に見ていくと，今やイスラエルと共存し，和平を実現していくことが一般市民の願いであるにもかかわらず，パレスチナ側の政治家は総じて外国援助に群がったまま既得権益の維持への私欲にまみれており，ファタハとハマスに仲間割れして一枚岩となってイスラエルと対峙し交渉を重ねていくという選択肢を放棄してしまっていることも無視できない．イラクの混迷も同様である．宗派対立ばかりに目がいくが，指導者たちが政権中枢において宗派対立を政治利用し，主導権争いに明け暮れ宗派間で協力体制を築けなかったことは忘れてはなるまい．

　ルナンが言い残したように，国家が存続していくためには，人々は多くのことを忘れていなければならない．世界には宗派の相違を忘れて国民同士が寄り添って生きている国がいくつもある．だが，パレスチナもユーゴスラヴィアも多くの

ことを忘れるには時が足りなさすぎた．特にユーゴスラヴィアの例は，差違ばかりを先鋭化していくと，国家はいとも簡単に分裂・崩壊することを示唆する代表的な事例である．近視眼的で無能な為政者にとって宗教は，差違を忘れさせないためには最も使いやすい道具なのである．

理解を深めるための読書案内

   青木保『多文化世界』(岩波新書, 2003 年).
   青木保『異文化理解』(岩波新書, 2001 年).
   久保慶一『引き裂かれた国家――旧ユーゴ地域の民主化と民族問題』(有信堂, 2003 年).
   サイード, エドワード・W.『文化と抵抗』大橋洋一ほか訳(ちくま学芸文庫, 2008 年).
   進藤栄一『現代国際関係学――歴史・思想・理論』(有斐閣, 2001 年).
   多谷千香子『「民族浄化」を裁く――旧ユーゴ戦犯法廷の現場から』(岩波新書, 2005 年).
   トッド, エマニュエル, ユセフ・クルバージュ『文明の接近――「イスラーム vs 西洋」の虚構』石崎晴己訳(藤原書店, 2008 年).
   トッド, エマニュエル『世界の多様性――家族構造と近代性』荻野文隆訳(藤原書店, 2008 年).
   ハンチントン, サミュエル『文明の衝突』鈴木主税訳(集英社, 1998 年).
   山内進『文明は暴力を超えられるか』(筑摩書房, 2012 年).

第 8 章

紛争と民族・領土

Keywords 植民地　ルワンダ内戦　ソマリア
内戦　ジェノサイド　民族解放　分離・独立
政治制度　市民社会

1　アフリカの紛争

(1) ルワンダ内戦——植民地支配の犠牲

　アフリカの紛争の多さとその悲惨さには驚かされる．もちろん，どの国のどの紛争も多大な被害や死傷者を出し，悲惨であることに変わりはない．しかし，アフリカの紛争では極端なまでの残虐行為と虐殺を伴うことが多く，結果として大量難民や大量飢餓を生み出す．いったい何故このようなことが起こるのだろうか．
　ルワンダは第1次世界大戦まではドイツ，以降はベルギーの植民地であった．ベルギー統治下において，少数派であるツチを君主および首長等の支配層とする間接支配体制が築かれたが，元々フツとツチは同じ言語を使い，農業に従事するフツより牧畜に従事するツチの方が比較的裕福であったというくらいの違いしかなかった．現在でも CIA ファクトブックでみるとルワンダの民族構成は，フツ族が 84％，ツチ族が 15％，トゥワ族が 1％ とフツ族が多数派を占めるが，1933年から 34 年にかけてベルギーによって行われたセンサスを起点として，牛の保有数や外見（鼻の大きさや肌の色）などを基準に恣意的な境界がつくられたことにより，多数派のフツ族は，ベルギー当局と結託したツチ族に抑圧されることとなった．
　1962 年の独立後，ツチは報復を恐れてウガンダ，タンザニア，ブルンジなど近隣諸国に脱出したが，反ツチ傾向は止まったものの，フツ系民族の多産による人口過密化もあって，ツチの帰還は許されなかった．
　ウガンダを拠点に同国に身を寄せたツチ系難民がルワンダ愛国戦線（Rwandan Patriotic Front: RPF）を組織して，フツ族のジュベナール・ハビャリマナ政権に対する反政府運動を活発化させると，1990 年 10 月には RPF がルワンダ北部に

侵攻し，内戦が勃発した．フランス政府は，ハビャリマナ政権に軍事支援を行い，ウガンダ政府はRPFを支援するということで，長期化の様相となったが，1993年8月にアルーシャ協定が結ばれ，和平の暫定合意に至った．

国連は停戦監視を任務とする国連ルワンダ支援団(UNAMIR)を派遣した．ところが，1994年4月6日にハビャリマナ大統領とブルンジのシプリアン・ンタリャミラ大統領を乗せた飛行機が何者か(協定に納得できないフツの過激派による犯行とみられている)に撃墜されると，同日フツによるツチの大量虐殺(ジェノサイド)が始まったのである．3ヵ月という短期間に80万人ともいわれるツチ族およびフツ族融和派市民が虐殺され，200万人が周辺諸国へ流出した．

1994年7月，RPFがツチ系の保護を名目に全土を完全制圧し，フツのパストゥール・ビジムングを大統領，ツチのポール・カガメを副大統領(現大統領)として新政権が発足し紛争が終結するが，フランス政府が虐殺側に立ったフツの援助を組織的に行っていたことで和解協議が難航した．

フランスのニコラ・サルコジ大統領は，2010年2月，ルワンダを訪問し，フツを外交的・軍事的に支援したことに対し「大きな判断の誤りがあった」と虐殺に関する責任の一端があることを認めたものの公式謝罪は拒否した．

1996年より難民のルワンダへの帰還が始まっており，現政権は国民の融和と国家再建・復興を進めているが，カガメ大統領は大虐殺の過去を乗り越えるために，1994年，出身部族を示すパス制度を廃止し，1999年には，国民和解委員会および国民事件委員会を設置するなど，国民融和・和解のための努力を続けている．

(2) ソマリア内戦——国連介入の失敗例

ソマリア内戦は部族間対立が起点である．ソマリア内戦は，「ブラックホーク・ダウン」という映画(監督：リドリー・スコット，主演：ジョシュ・ハートネット)によって広く知られるようになったが，ソマリアは，もともと人口の7割が遊牧民で強い氏族意識を持ち自治統治をしてきた．ところが1886年，北部が英国保護領となり，1889年には南部がイタリア保護領となったことで，ソマリ語を公用語とするイスラム教スンニ派ソマリ族からなる，アフリカでは稀有な単一民族社会は分断されてしまうのである．

1960年6月に英国領が独立，7月にはイタリア領も独立，両者が統合されてソ

マリア共和国が独立した．初代大統領アデン・アブドゥラ・オスマン，第2代大統領アブディラシッド・アリー・シェルマルケは，「大ソマリア主義」を唱え，植民地支配で分割されていた地域を国境に関係なく併合して，ソマリア民族を1つの国家にまとめようとしたため，周辺諸国はこの動きに脅威を感じて，地域でも警戒される存在となった．1969年10月にシェルマルケが暗殺されると，同年，軍部が無血クーデターを起こして，シアド・バーレ将軍を議長とする最高革命評議会が政権を握った．評議会は憲法を停止，国名をソマリア民主共和国と改め，議会はシアド・バーレを大統領に選出した．

　バーレ政権は，自立・自助・社会主義を掲げ，大ソマリア主義を推進しつつも，彼の出身氏族であるダロド氏族を優遇したため他の氏族の反感を買い，各地で反政府武装闘争が活発化することとなった．だが，米国は冷戦中，エチオピアにソ連の支援を受けたメンギスツ・ハイレ・マリアムによる独裁体制があったことから，アフリカの角といわれる地域一帯の安定を目的として，バーレ体制を支援した．ところが冷戦終結後，米国はバーレを支援することにうまみを見出せなくなるとバーレ政権を見放し，1989年，首都モガディシオでの暴動にも関心を示さず，バーレ政権は急速に弱体化し，1991年にバーレは首都を追われることとなった．

　その後，統一ソマリア会議(United Somali Congress: USC)が政権を掌握，実業家のアリ・マフディ・ムハンマドが暫定大統領に就任した．しかしUSC議長モハメッド・ファラ・アイディードが，これに反発して武力で対抗，ソマリアは1991年11月から内戦状態に入った．アイディードは，強硬派指導者として中部ハウィヤ氏族を中心とした多数の武装勢力を率いて，ムハンマド暫定大統領派を攻撃した．首都から脱出したムハンマド派は，国連に部隊の派遣を求めた．アイディード派の活動は激化の一途をたどり，国連安全保障理事会は2万8000人からなる米軍を中心とする国連平和執行部隊(UNOSOM II)を投入した．それに伴い，アイディード派との戦闘はいっそう激しくなりアイディードは国連に対して宣戦布告，1993年には平和執行部隊のパキスタン兵24名が射殺されることとなった．

　この後，米軍はアイディード派幹部の拘束を目的とした作戦を実施，激しい応戦に遭い18名の米国兵士とマレーシア兵士1名を失い，73名の負傷者を出すという惨事となった(モガディシュの戦闘)．ブラックホーク(攻撃ヘリコプター

UH-60)2機が地対空ミサイル(RPG)によって撃ち落とされ,パイロットが拘束されて,拷問の上,殺害され遺体が民衆によって紐でくくりつけられて街中を引きずり回されるといった映像が世界中に流されると,米国世論も撤退に傾き,米国撤退後は,主軸を失った国連も1995年3月,すべて撤収することとなるのである.

その後のソマリアは,1997年12月,ムハンマド派,アイディード派を含む武装28派がエジプトのカイロで無条件停戦などを定めた和平協定に調印したものの,各派の意見対立により協定そのものが事実上無効となるなどさらに混迷を深めることとなった.

2000年5月,隣国ジブチで和平会議が開催され,実業家や氏族代表らが集まり暫定政府樹立に向けて討議を行い,約10年ぶりに政権が発足したが,アイディード派などの有力氏族やその他の独立勢力が暫定政府を認めず,その後も内戦が続いた.

2　紛争の理由

(1) アイデンティティの争点化と正当性

ところでなぜ,アフリカやアジアでは紛争が多いのだろうか.1つは国家の統一体としての役割が機能していないということが挙げられる.為政者が治安維持や福祉政策など誠実に行おうとしてもまずその財源を確保するため社会から税を徴収しなくてはならない.ところが,服従義務がないと考えられている場合,為政者が不当に搾取しているとみなされてしまう.第1章でみたように,かつては,共通の祖先という神話や共有された記憶と文化,そして出生地との結合によって精神共同体が生まれ,様々な敵対集団との戦闘,宗教のつながりや選民思想の形成を通じて集団的自尊心が維持された.近代においては,中央政府による公教育による民族自決思想の普及,植民地支配に対する民族解放戦争,官僚機構への雇用などによって,共同体意識が育まれた.

ところが,国民が国家領域を服従義務のある正当な政治ユニットとして認めていない場合,様々な問題が発生することになる.そこで,①当該地域経済が中央に依存しておらず,②山脈や川,渓谷などの自然地勢に隔離されていて,③言語的・宗教的な同質性がない場合,潜在的分離地域の住民は所属する国家の他地域

```
                    ┌─────────────┐
                    │政治的に分離独立を│
                    │狙うグループ(地域)│
                    └──────┬──────┘
                ┌──────────┴──────────┐
                ▼                     ▼
         ┌──────────┐         ┌──────────┐
         │グループが │         │グループが武装│
         │非戦闘的  │         │し戦闘的   │
         └──────────┘         └─────┬────┘
                          ┌─────────┴─────────┐
                          ▼                   ▼
                   ┌──────────┐        ┌──────────┐
                   │地域が戦略的に│      │地域が戦略的に│
                   │重要である   │      │重要でない   │
                   └──────┬───┘        └──────┬───┘
                          ▼                   ▼
                   ┌──────────┐        ┌──────────┐
                   │国際社会がホスト│    │国際社会が地域│
                   │ステート側を支援│    │の動きを支援 │
                   └──────────┘        └─────┬────┘
                                   ┌─────────┴─────────┐
                                   ▼                   ▼
                            ┌──────────┐        ┌──────────┐
                            │ホストステー│       │ホストステー│──→ ┌──────┐
                            │トが強い   │       │トが弱い   │    │分離独立│
                            └──────────┘        └──────────┘    └──────┘
```

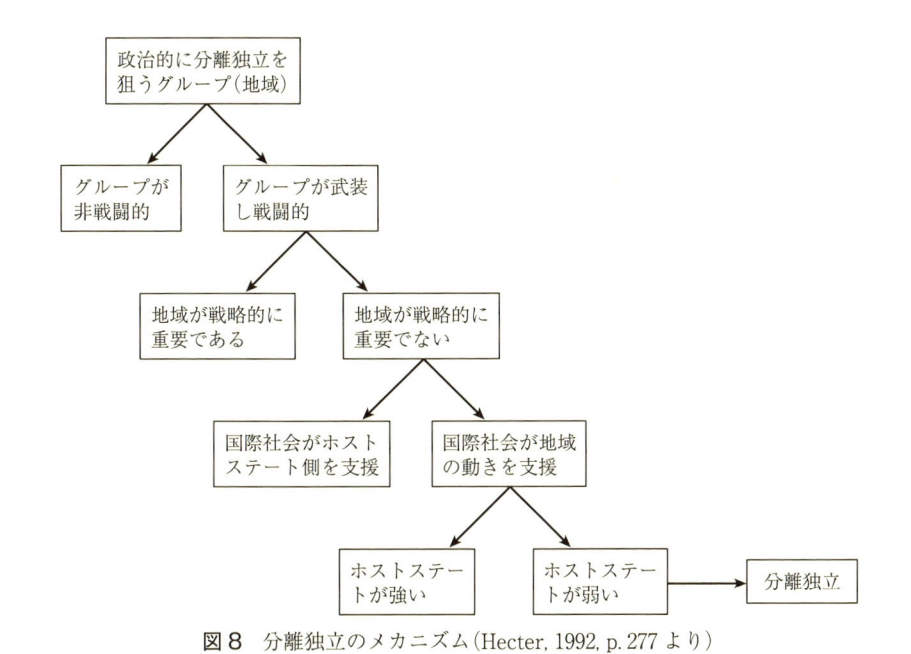

図8 分離独立のメカニズム(Hecter, 1992, p.277より)

とは異なるアイデンティティを持つようになり，分離独立へ向けて組織化されることとなる(Horowitz 1985)．

抵抗勢力の選択肢には，国家そのものを収奪するか，分離独立するかの2つしかない．国家そのものを乗っ取るには，多大なコストを要する．抵抗勢力は，ある一定の領土において，離脱という合意を形成し，決定する．

政治的に分離独立を狙うグループ(地域)は，中央政府の脆弱化，潜在的分離地域への国際的な支援，買収あるいは制度改革による懐柔の失敗等がある場合，分離を加速化させていく．そしてその地域が戦略的に重要であるかどうかでその後の帰趨が大きく変わる．戦略的に重要でなく，国際社会が分離派側につき，本体国家(ホストステート)が弱体化していれば，分離独立の可能性が高まる(図8)．他方で，本体国家のリーダーは，問題の領土の離脱に損害は少ない，ということを国民に納得してもらわなければならない．統治の正当性を疑われることになり，政権を追われるからである．

スタンフォード大教授デヴィッド・レイティンやノースウェスタン大教授ウィリアム・レノによれば，冷戦終結後，国家崩壊という事態に見舞われたアフリカ

諸国では，それまで冷戦体制下の援助競争のおかげで独裁者と巨大な官僚機構や部族長が「パトロン＝クライアント関係にあり，脆弱国家ではあるものの国家崩壊だけは免れていた」のだという．冷戦時代にはクーデターなどで独裁者が交代しても繰り返し「脆弱国家」という権威のパターンが再生していたのは，潜在的な対抗馬があくまで独自政権を目指して戦闘を継続するよりも，新政権を支持することによって利権の一部を享受することが合理的と判断し，新政権もそのように懐柔していたからであった(Laitin 1999; Reno 1997)．

ところが海外からの援助の停滞などにより「パトロン＝クライアント関係」を維持する費用を捻出するだけの余裕が国家から消失してしまうと，政府官僚や部族長は，政権を握らない限り，生き残るすべはない．実際ソマリアでも，誰もが政権という残された獲物を獲得するために，勝利した場合に期待できる利得以上のコストを支払ってまで戦闘を続けることになった．さらに各自私兵を組織化して武装し，また麻薬や身代金目的の誘拐など違法ビジネスに手を染めることで独自経済を成立させて，国家を崩壊させていくのである．

冷戦終結直前の1989年12月末時点で，アフリカ51ヵ国のうち30ヵ国は一党独裁体制国家で，分裂を抑制し国民を統合するために強力な権力集中型の支配体制を敷いていた．残り21ヵ国もリビアのような個人独裁体制や，アルジェリア，ガーナ，ギニア，スーダンのように軍事独裁体制を敷いていた．興味深いことに冷戦終結後は，こうした独裁国家も国家崩壊という事態に見舞われた．

(2) 政治制度の問題

スウェーデンが世界的に誇る平和研究の拠点であるウプサラ大教授アクセル・ハデニウスとルンド大教授ジャン・テオレルは，1972年から2003年まで世界中でみられた権威主義体制を集計したところ，計1277年あり，権威主義体制の持続度は，覇権党のない制限的多党制(平均5.87年)，覇権党支配下の制限的多党制(同9.97年)，軍事体制(同11.10年)，一党支配体制(同17.80年)，君主制／個人独裁制(同25.40年)の順に長くなることを明らかにした(Hadenius & Teorell 2007)．

ハデニウスとテオレルの分析からわかることは，多党制は総じて耐性がなく，特に覇権党のない制限的多党制は最も折れやすい．すなわち民主化しやすい．一方，独裁の傾向が強ければ強いほど，耐性が強く折れにくい．つまり君主制／個人独裁制は最も民主化しにくい，ということになる．

では，君主制／個人独裁制と軍事体制，および多党制の寿命の差はいったいどこにあるのだろうか．カリフォルニア州立大バークレー校で比較政治が専門のバーバラ・ゲッデスは，なぜ君主制／個人独裁制が長期にわたって存続できるのかについて，政権移譲・民主化プロセスは，独占していた富の減少のみならず，場合によってはすべてを失うことを意味するために，あくまでも最後まで権力にしがみつくことが彼らの合理的選択になるからだと説明する．それゆえ国際的圧力が高まろうとも，国内的圧力が高まろうとも，民主主義体制への諸手続き，すなわち選挙実施の取り決めを破棄したり，あくまでも同じ経済危機に際しても，取り巻きへ富を配分することによって延命を図ろうとするのである．ただし，君主制／個人独裁制に決定的なダメージとなるのは，指導者の死や病気など何らかの理由で職務遂行ができなくなった場合である．そのような状況は反体制派を活気づけ，体制崩壊へとつながるきっかけとなる．

　軍事体制の脆弱性は，第1に，その階級的組織ゆえ，ひとたび亀裂が体制内部に入ると，容易に分裂しがちであるということ，また経済危機において対応できる専門能力がないこと，また形式的にも選挙を経ていないため，公共の利益を守るインセンティヴを欠いていることなどを挙げている．さらに危機に際して，家族や友人と密接な関係を保ち，市民の目線に近い下士官たちは，そのような上層部の経済政策の失敗に対して，市民の暴発の高まりに比較的同情的であり，市民に銃を向けるよりは兵舎へと撤退する(return to the barrack)ことを選ぶ．職業軍人からなる上層部は，国家を守ることに関心が強く，そもそも選挙自体に懐疑的であるため，わざわざ議会を設けて争うことに強いインセンティヴがなく，撤退する場所が確保されれば，民主化を受け入れるという．

　これらの体制に比べ，多党制下の権威主義体制は一定の政治的異議申し立てを受け入れ，議会への代表権の増大や，法律などの改正要求等を受け入れることによって反体制派を懐柔する．だが，長期的な権力維持は制度上困難であり，市民の要求，すなわち民主化を最終的に受け入れる(Geddes 2003)．

(3) 国家エリートの妥協

　個人独裁からの体制変動は，さらに新たな権威主義体制を生み出しかねない．なぜなら，その変動は，クーデターや暴動による占拠，暗殺など殺人行為を経て達成されることが多く，新しい体制占拠者は，自身の地位のさらなる安全を目指

して，さらに強権的にならざるをえないからである．

　経済的危機を背景としている場合は転覆型になるが，経済的危機がない状態では体制主導の民主化(改革)となるという議論もある．だが，運良く民主化に成功し，複数政党制を導入したものの，選挙は権力側によって操作され，政党が分裂と対立を繰り返した末に弱体化する国家もある．キャロサーが指摘したように(第6章)，そのような場合，事実上一党覇権体制となっていて，国家と党の境界線がはっきりせず，実質的に政権交代の可能性がないことが原因である．そこでは制度としての民主主義は形骸化していく．

　複数政党制の形骸化，権威主義的統治への回帰に代表される現在のアフリカの政治的問題には，一党制や軍事政権から複数政党制へ移行する民主化移行期に大きな原因が存在している．アジアや中南米と比べてアフリカに特徴的なのは，民主化プロセスが国家指導者や軍，国家エリートの合意や妥協によって開始されたものであったというよりも，国家の弱体化と崩壊の危機が露呈する中で，生存をかけてそれまで国家レベルにおける政治主体として認識されてこなかった社会勢力が武装し，国家中枢に躍り出たということである．

　さらにアフリカで政治を考える場合に欠かせないのが，「市民社会」と軍との密接な関係である．リベラリスト的な「市民社会」論の前提には国家機関からの自律した社会をその要件とするが，この前提はアフリカ政治を理解するうえでしばしば足かせとなる．アフリカは，独立以来目まぐるしく軍事クーデターによって政権が交代してきた．ニジェール(1996, 99年)やコートディヴォアール(1999年)のように2度や3度の国政選挙の実施によって民主化が定着したとは認め難いところもある．民主化の波の中で民政移管された場合を除き，軍の政治的プレゼンスが全く低下しなかった国では，民主化プロセスは停止したままだったといえる．

　その一方で，民主化プロセスの幕開け時点のアフリカ諸国において，政党の能力が著しく低い中で，「民主化」への重要な役割を果たしてきたのも軍であった．エジプトやアルジェリア，ベナンやニジェールなど，軍そのものが国家を体現していたといっても過言ではない国も多数存在した．

　一般的に民主化プロセスを考えた場合，一党制や軍事体制からの複数政党制への移行を行った後で国政選挙を実施するという制度的変革を意味する「民主化移行(democratic transition)」が重視されてきた．そして民主化プロセスによって

導入された制度が反復実施されていくという「民主化定着(democratic consolidation)」が注目を集めてきたが，部族社会を系譜とする宗教的カリスマが政治権力を握る場合もあり，その場合は，世俗的近代官僚制の実現は困難となる．そのため，こうした区分もまたアフリカにおいては再考する必要がでてくる．

また，国民会議によって民主化プロセスが開始されたベナン，コンゴ共和国(ブラザビル)，ガボン，マリ，ニジェール，チャド，トーゴ，ザイール(現コンゴ民主共和国)などのように市民社会の急速な拡大によって政治が混乱した場合もみられる．突然に登場した政党は市民社会からの要求に応えることができず，市民社会は政党を見放すこととなった．このような社会では，政権は旧勢力によって再度飲み込まれ，実質的に権威主義への回帰をみせることになる．民主化プロセスは頓挫することになるのである．

理解を深めるための読書案内

稲田十一編『開発と平和——脆弱国家支援論』(有斐閣ブックス，2009年)．
岩田拓夫『アフリカの民主化移行と市民社会論』(国際書院，2004年)．
武内進一『現代アフリカの紛争と国家——ポストコロニアル家産制国家とルワンダ・ジェノサイド』(明石書店，2009年)．
平野克己『経済大陸アフリカ——資源，食糧問題から開発政策まで』(中公新書，2013年)．
ベッツ，レイモンド・F.『フランスと脱植民地化』今林直樹・加茂省三訳(晃洋書房，2004年)．
Horowitz, Donald L., *Ethnic Groups in Conflict*, Berkeley, University of California Press, 1985.
Lugan, Bernard, *Rwanda: un génocide en questions*, Éditions du Rocher, 2014.
Lugan, Bernard, *Les guerres d'Afrique: Des origines à nos jours*, Éditions du Rocher, 2013.

第9章

紛争と資源

Keywords 脆弱国家 オランダ病 資源ののろい レンティア国家論 石油 天然資源

1 紛争と資源

(1) オランダ病

米国の投資理論家で歴史研究家ウィリアム・J.バーンスタインは，『「豊かさ」の誕生——成長と発展の文明史』(2004年)で，16世紀のスペイン経済の没落の原因は，天然資源に恵まれたことにあるといっている．直観的には，資源豊富な国は，繁栄するような気がするがどうだろうか．

例えば，1970年代に欧州における天然ガスの産出国であるオランダでは「オランダ病」と呼ばれる現象が起こった．これは天然資源と経済成長との関係において使われる用語で，天然資源の輸出によって為替レートが上昇して工業品の輸出が廃れ，国内製造業が衰退してしまう現象を指す．

オランダでは，第1次石油危機の後，エネルギー価格高騰に伴う天然ガス輸出収入が増加，この収入を原資に高いレベルの社会福祉制度が構築された．しかし，70年代半ば以降，天然ガスの輸出拡大によって通貨ギルダーの為替レートが上昇すると，同時に労働者賃金の上昇による輸出製品の生産コスト上昇もあって工業製品の国際競争力は急低下し，経済が失速してしまうのである．その後オランダは，経済の悪化に伴い，経済成長下で増大させた社会保障負担が財政を圧迫し，財政赤字が急増していくという，負のスパイラルへと陥ることとなった．

こうした負のスパイラルに陥るのは，何も先進国に限ったことではない．石油輸出国機構(OPEC)を設立した立役者の1人，ホアン・P.アルフォンソは，「石油が20年後には破滅の原因になることが分かるだろう」という言葉を残しているが，OPEC加盟国はほぼすべて，原油で得た富を使っての石油と関連製品以外の分野に経済を多様化することに失敗している．

1986年から2006年にかけて原油の消費量は，年平均1.6％伸び，原油生産能

力は年平均0.8%しか伸びなかった．このように需要と供給のバランスに非対称性があることで原油価格は上がっていく．問題は，OPECを中心とした産油国が，原油収入を重要な石油関連設備や「石油後」の産業育成に再投資せず，世界の金融市場に投資している現実があることである．資源が経済運営を難しくするのは，通貨の価値を歪めるだけでなく，簡単に富を得られてしまうからでもある．商品を輸入に頼ると産業は多様化しない．

　実際これまでほとんどのOPEC加盟国では，原油輸出で得た外生収入を使って，石油と関連製品以外の分野に投資ができておらず，経済の多様化に失敗しているといえる．サウジアラビア，クウェート，カタール，バーレーン，アラブ首長国連邦，リビア，アルジェリアなどの中東諸国は，石油・天然ガスの輸出が全輸出品目の95%以上を占めるが，この中で産業多角化に成功している国はない．産業の多角化とは，第1次産業から第3次産業まですべて均等に発展しているか，ということである．

(2)「資源ののろい」とレンティア国家論

　これまで中東・北アフリカ地域は，4度の中東戦争や，湾岸戦争，イラク戦争，レバノンやパレスチナでの紛争やテロなど戦火の絶えない紛争地域として認識されてきた．また，資源に恵まれているにもかかわらず，経済発展から取り残されてきた特異な地域として注目を集めてきた．

　これまで開発経済学や比較政治学では，「資源ののろい(resource curse)」というパラドックスについて数多く議論が重ねられてきた．その議論の中心にあるのは，「天然資源の豊富さと経済繁栄の間には，負の相関関係がある」というものである．

　例えば，エジプトの経済学者ハゼム・ベブラウイとパリ政治学院で国際エネルギー政治経済を教えるジアコモ・ルチアーニは共著『*The Rentier State*』(1987年)で，石油等資源の輸出に伴う非課税収入＝レント(rent)収入が国家財政収入において40%以上占める国家を「レンティア国家」として定義し，このような国家では国内的生産セクターがなくとも輸入によって国家経済が運営されるため，真の意味での内的発展・産業の発達を期待することができないと警鐘を鳴らした．そこでは，従来の労働＝報酬によって成立する社会——システマティックに組織化され，かつ複雑な経済循環の結果として生じたプロセス——は無視され，報酬

は，状況的・偶然的な「たなぼた的果実(windfall gain)」となる．

　石油輸出収入など外生的レントは国家の手を経て，各社会階層に分配されていく．

　国家は，課税による強権的な徴収によっての公共財の分配者ではなく，レント分配を通して支配者の慈善となるのである．そしてそこでは"課税なきところに代表なし"となってさらに市民が政治参加から遠ざかっていく．したがって，一部の権力者が経済力を握り，さらに政治力をも高めるということになる．すなわち，労働生産による租税収入に基盤をおく通常の「生産国家」ではなく，レント収入に依存する「配分国家」になって，結果的に非民主的な政治体制の形成を促すのである．

　レンティア国家論の中心にあるのは，単なる石油収入ではなく，国際援助(グラント)や，海外送金など，徴税によらない非課税収入，すなわちレント収入が国家の手に自由に握られ，その分配を中心に社会が構成されているという視座にある．パイプライン使用料，スエズ運河通行料などでレント収入を獲得するヨルダン，シリア，エジプト，チュニジア，中東産油国や欧州などの出稼ぎ労働者からの巨額の海外送金を得るエジプト，イエメン，シリア，レバノン，チュニジア，アルジェリア，モロッコ，海外からの軍事支援を含むグラント収入を得るエジプト，ヨルダン，モロッコ，パレスチナ等にも大きく影響を及ぼしている問題である．

　一例を挙げると，エジプトはスエズ運河通行料として毎年約40億ドルを受け取り，さらに海外送金などを合わせると，GDPの半分はレント収入である．またエジプトはイスラエルとの1978年キャンプ・デービッド合意による国交締結以降，米国からの巨額のグラントを受け取っている．2009年実績で，経済援助4.8億ドル，軍事援助13.0億ドル，米国の対外軍事・経済援助の3.9%の計17.84億ドルを受けており(USAID 2011年統計)，これは米国による対外援助額において対イスラエルについで第2位である．さらにそれとは別に，1991年の湾岸戦争の軍事協力によって，債務返済額約500億ドルの3分の1近くの150億ドルを帳消しにされている．ヨルダンも，1994年イスラエルと和平条約を結んだことで8億ドルの債務取り消しを受け，毎年10億ドルの経済支援を受けている．それは同国GDPの170億ドルの実に6%を占める．チュニジアは，アルジェリアからイタリアへ延びるトランスメッド・ガス・パイプラインによって，毎年莫大な使

用料を受け取っている．

(3) 石油と脆弱国家

では実際に，石油は政治体制にどのような効果をもたらしているのだろうか．

米国の調査・研究機関ファンド・フォー・ピースと外交専門誌フォーリン・ポリシーが，2005 年から毎年 12 の指標をもとに各国の安定性を数値で表した破綻国家指数（The Failed States Index: FSI）を出している（なお 2014 年より脆弱国家指数 The Fragile States Index と名称変更がなされた）．この FSI と，2013 年 6 月に公表されたブリティッシュ・ペトロリアム（BP）社統計による世界の石油生産国上位 49 ヵ国がどの程度，相関関係があるのか調べてみたところ，0.0224 と，相関関係はみられなかった．だが，問題は日量生産 200 万バレル以下の産油国に多くの脆弱国家があるということである（表 6, 図 9）．

ここから読み取れることは，資源高産出国では，FSI が高くともそれが体制強化に寄与し，資源生産が比較的少なく所得も低い場合は資源が内戦や紛争の発端になりうる，という仮説である．

高産出国で高所得国のサウジアラビアやクウェートはザカート（救貧税）や輸出入税など以外に，所得税，住民税，消費税といった税金はない．実際，石油収入によって，多くのアラブ諸国で，病院や学校の建設が進み，ハイレベルの医療や高等教育制度が整備されている．福利厚生も整備され，病院代や薬は無料，大学の教育なども無料である．そればかりか，これらの国では学生には逆に奨学金という給与が支払われる．国家は常に慈悲深い保護者であり，市民社会の不満は，政府に向かうことはない．

だが，日量生産 200 万バレル以下の産油国でアンゴラ，コンゴ共和国，ガボン，ナイジェリア，南スーダン，アルジェリアのように所得が低く輸出収入の 50％以上を石油資源に依存しているような国では，国家財政収入に占める割合も高く，公共投資ほか公務員給与支払いや病院などの国家行政サービスに直結していることがほとんどである．経済全体が変動する市場価格に依存しているがゆえに，ひとたび資源価格が下落すると，投資は中断せざるをえなくなり，あらゆるレベルでの支払いが停止することになる．そうなると経済は停滞し，社会機能が麻痺して政情不安を引き起こしやすい．一例を挙げると，アルジェリアの内戦は石油資源の価格の変動が引き金を引いていたことがわかっている．また石油にかかわら

表6 脆弱国家指数（FSI）

	社会指標
1	人口爆発・偏った人口増加，それに伴う食料危機
2	難民の存在，強制移動による人道的危機
3	過去の報復を目指す集団の存在
4	頭脳流出，中産階級の慢性的な国外脱出

	経済指標
5	集団間の経済格差
6	急激かつ深刻な経済の衰退

	政治指標
7	犯罪の増加，政府の正統性の喪失
8	急激な公共サービスの悪化・不全
9	法の支配の停止，法の恣意的適用，広範囲の人権侵害
10	治安悪化，警察の機能不全，武装集団の活動
11	首脳部の分裂，対立
12	外国政府・外部の政治アクターの介入

出所：The Fund for Peace, The Fragile States Index 2014.
注1) FSI は，90以上120までの国を「最警戒ゾーン」，60以上89.9までを「警告ゾーン」，30以上59.9までを「要監視ゾーン」，29.9以下が「持続可能ゾーン」に属するとしている．
2) 2014年178ヵ国中 FSI ランク上位5ヵ国は以下の通り．
1位南スーダン(112.9)，2位ソマリア(112.6)，3位中央アフリカ共和国(110.6)，4位コンゴ民主共和国(110.2)，5位スーダン(110.1)．
3) 同 FSI ランク下位5ヵ国は以下の通り．
1位フィンランド(18.7)，2位スウェーデン(21.4)，3位デンマーク(22.8)，4位ノルウェー(23.0)，5位スイス(23.3)．

ず天然資源は偏在しているがゆえに奪い合いとなる．後述するスーダン，アンゴラ，シエラレオネの例はこの典型的な例である．

　オックスフォード大教授ポール・コリアーと同大アフリカ経済センターの研究員アンケ・ホーフラーは，1960年から92年まで世界中で起きた内戦について，資源がどのように作用するかを分析しているが，ほぼ同様の結果となっている．資源は，国家を乗っ取ることによって得られる利得が反抗勢力を魅了するため，戦争のリスクを高める．しかし，資源による外生収入が高い場合，政府の豊富な軍事支出によって自己防衛能力を強化することができるため，内戦のリスクは減じられることとなる．彼らの分析結果はここで提示した仮説を擁護する．

　人口や民族など他の具体的な彼らの分析については，第2節(1)項「4つの変

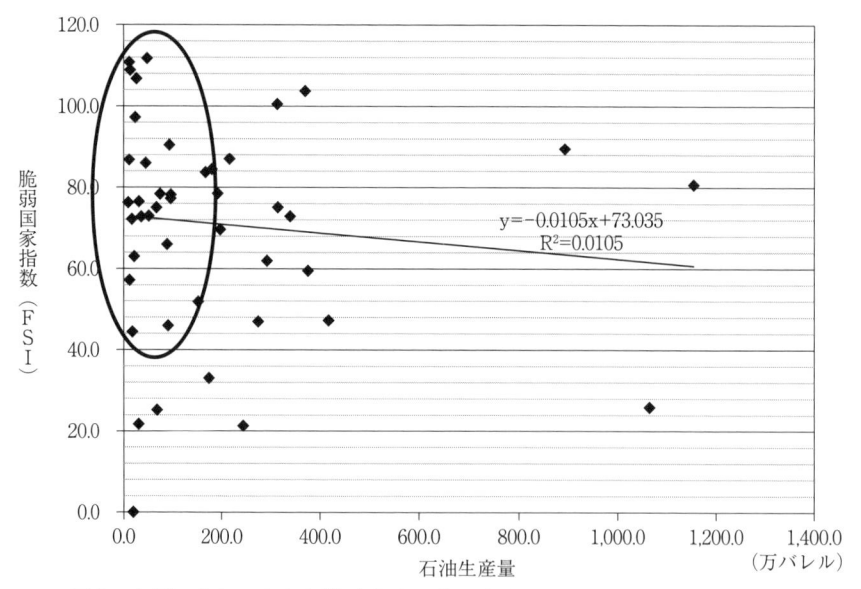

図9 脆弱国家と石油生産(筆者作成．値が大きいサウジアラビア・ロシア・米国の3ヵ国は除いて計算している)

数」で詳述するとして，まずは実際のいくつかの例を見てみよう．

(4) 天然資源と国家の破綻

スーダンは，1956年に北部と南部を統一してスーダン共和国として独立したが，1970年代に南部で石油が発見された後，それまで北部の支配に甘んじていた南部が蜂起し内戦が拡大することとなった．いったんは和平合意に至ったものの，北部系政権が石油資源の掌握を目的に南部の自治権を拡大したことから，1983年に内戦が再び勃発した．以降，200万人以上が死亡し，100万人が難民になり，450万人が立ち退きとなった．2011年7月，南部スーダンは北部スーダンと袂を分かち，南スーダンとして分離独立することとなったが，その南スーダンでは，GDPの80％を占める石油輸出収入のほとんどが武器購入に使われている．政府の保健・医療サービスが十分ではなく，国民の栄養状況も悪化している．2013年4月時点で，特に，子供と母体の生命が危険に晒されており，乳幼児死亡率は105/1000，母体死亡率は，205/1000とアフリカ諸国の中でも最悪の状態にある．国民の55％の人々が安全基準値許容レベルの水にアクセスできる状態

だが，そのうち38％は片道30分以上歩かなければならない．15歳以上の成人識字率はほんの28％（男性40％，女性16％）である（世銀2014年overview）．

インドネシアのスマトラ島西北端に位置するアチェ州でも，石油・天然ガス資源の権益を中央政府が握り，州に十分還元されないことへの不満などから，1976年に独立武装組織の自由アチェ運動（Gerakan Ache Merdeka: GAM）が独立を宣言し，2005年の和平条約締結まで武力紛争が続いた．

それだけではない．石油資源は環境にも影響を与えている．ナイジェリアには，世界有数の湿地帯で，貴重な沿岸海洋生態系を有することで知られているナイジャーデルタという地帯がある．石油採掘にともなう原油流出や廃棄物，そして燃え上がる天然ガス（天然ガスは原油から分離され，ナイジェリアではそのまま廃棄物として燃やされる）は，ナイジャーデルタによくある光景となっている．こうした公害は，数十年にもわたってこの地域に影響を及ぼし，土壌，水，大気に深刻な影響を与えている．

ナイジャーデルタにおける石油採掘で，多国籍企業は大きな責任を負っており，例えばロイヤル・ダッチ・シェル（以下，シェル）は，同社の操業地域だけで3万1000 km^{2}以上にもなる（東京都の面積の約14倍）．アムネスティインターナショナルは，シェルにナイジャーデルタでの同社の事業による環境破壊対策を講じるよう働きかけているが，シェルは要請を無視し環境破壊は止まっていない．

資源紛争は，何も石油・天然ガスなどの炭化水素資源に限ったことではない．アンゴラは石油やダイヤモンドなどの豊富な資源に恵まれている．しかし，2002年まで四半世紀にもわたる激しい内戦のために経済は破壊され，全人口の3分の1の400万人近くが国内難民と化し，100万人が外国の食料援助に依存しなければならなかった．人口の大半が悲惨な生活環境と恐怖の中で暮らす一方，反政府勢力アンゴラ全面独立民族同盟と政府の指導者たちは，どちらもアンゴラの自然資源を売却して得た資金で私腹を肥やし，武器を購入したとされる．資源から生まれた闘争と汚職は内戦を長引かせ，アンゴラの子供たちの30％は6歳になる前に命を落としたといわれている．

西アフリカのシエラレオネ共和国で1991年から2002年まで起きた内戦では，反政府勢力の革命統一戦線（Revolutionary United Front: RUF）と政府軍との交戦で，ダイヤモンドの鉱山の支配権をめぐって大規模な内戦に発展し，7万5000人以上の死者を出した．

カンボジアの例もある．カンボジアは，サファイア，ルビー，木材が主な資源であり，クメール・ルージュ反政府軍は領土内で採掘権と伐採権をタイの企業に売ることで，1980年代から90年代前半まで勢力を保った．1999年クメール・ルージュの大半が投降するまで，年間最大で1億2000万～2億4000万ドルの収入を得ていたとみられている．その間，市民生活は危機に瀕し，識字率は35％(男性48％，女性22％)まで落ち込んだ(世銀2014年overview)．また，母親の健康状態の悪さ，不適切な分娩，新生児のケア・母子保健サービスの欠如に起因する乳幼児の健康状態は世界でも最悪レベルにあり，10人に1人が5歳になる前に死亡したとされ，その数は年間5万5000人に上ったとみられている．原因は下痢，急性呼吸器感染症のほか，破傷風・麻疹等のワクチンで予防可能な感染症であった(ヒューマン・ライツ・ウォッチ，カンボディアサマリー 2014年)．

2　内戦の理由

(1) 4つの変数

コリアーとホーフラーは，1960年から1992年までの内戦について，複数の説明変数の関係を統計から明らかにし，4つの変数(低い所得，資源，多い人口，多民族的・言語的状況)が内戦の長期化と発生に強い影響を与えていると結論づけている(Collier & Hoeffler 1998)．

具体的には，1人当たり収入が高ければ高いほど，内戦の可能性は低くなる．反抗した場合の機会費用が通常得られる利得を下回るからである．彼らはこれを「高所得効果(the effect of higher income)」と呼んでいる．一方で，1人当たり所得が低ければ低いほど，内戦のリスクは高くなる．

資源については，第1節(3)項「石油と脆弱国家」で既に述べた通りである．

人口は多ければ多いほど，紛争のリスクを高める．富の公平な分配や行政サービスを社会の隅々まで行きわたらせることが物理的に困難であるからである．さらに広大な領域に潜在的分離地域が存在すると内戦のリスクを高める．ただし，多民族的・言語的状況は，細分化されればされるほど紛争へとつながるということを必ずしも意味しない．彼らは，同一的社会が紛争に結びつかないのと同様，高度に細分化された社会も紛争に結びつかないと説明する．内戦の可能性が低くなる理由は，反抗勢力のグループ化のコーディネーションコスト(coordination cost)が高いということ，そして自らも細分化されているからだと指摘している．

　ここまで見てきて，近年の紛争にはいくつかの特徴があることがわかる．第1に，冷戦の終結が，外部世界からの情報流入を促し，個人独裁や一党独裁体制，あるいは軍による権力の独占に対する正当性を崩壊させ，反体制側の期待を高めたことである．

　第2に，ボスニア・ヘルツェゴヴィナ，コソヴォ，ルワンダなど国家・社会で劣位におかれ抑圧されてきた民族・部族が，反体制の担い手となったことである．

　第3に，新興国の需要の高まりによる希少資源の価格高騰に伴い資源が眠る領土獲得紛争への回帰がみられるようになったことである．

　第4に，子供や女性，高齢者など社会が守らなければならない存在が真っ先に犠牲になること，また，その犠牲は社会に長期的なダメージをもたらすものになるということである．

●コラム　チェチェン紛争

　ソ連崩壊の直前の1991年，チェチェンでは元ソ連軍の将軍であるジョハル・ドゥダエフが大統領に選出されると，ソ連邦離脱法を盾に一方的に独立を宣言した．当時のチェチェンは，ロシア正教を放棄し，キリル文字からラテン文字に変更するなど，脱ロシア化を推し進めていた．だが，ロシアにとって世界有数の石油・天然ガス資源が眠るカスピ海沿岸に位置するチェチェンは重要な戦略地であった．1994年12月，ロシア最大の外貨獲得資源である石油パイプラインの経路の一端を持つチェチェンの独立に更なる危機感を持ったロシア政府は，独立を阻止すべくチェチェンに侵攻した．

　ロシア連邦軍が広域にわたって支配権を回復したことで，ロシア側は1995年，一方的に休戦を宣言し，軍隊の撤退を始めた．1996年8月31日にはハサヴユルト協定が調印され，5年間の停戦が合意された．しかし，1999年8月，独立最強硬派のチェチェン人武装勢力が隣国ダゲスタン共和国へ侵攻し一部の村を占領した事件とモスクワでのアパート爆破テロ事件(百数十名が死亡)を受けて，ロシア政府は再びチェチェンへのロシア連邦軍の派遣を決定するのである．プーチン首相は，同年9月18日，「テロリスト掃討」を大義名分にチェチェンへの空爆を開始し，ハサヴユルト協定は完全に無効となった．

(2) 長い負の遺産

　冷戦終結後，自らのアイデンティティを「国民国家」から，土着と伝統に根ざしたエスニックな価値へと転移させた民族が，民族イデオロギーによるナショナリズム「エスノナショナリズム」によって分離主義運動を活発化させていった．治安はさらに悪化，それが重武装化を加速させ，紛争を長期化させることになった．

　問題は，これらの紛争によって当事国は，その後も長く負の遺産を背負うことになるということである．権力掌握グループはレジームの中で，自らの権力基盤の脆弱性を補うため，さらに独裁と武装化を進めていく．経済は，農作物など一次産品に大きく依存したモノカルチャー経済が中心となり，中間層と市民社会が欠落し続けることになる．かつて植民地体制下で人為的に引かれた国境線による分断社会はさらに深化し対立は深まっていく．

　青山学院大教授の押村高が「国家の安全保障と人間の安全保障」(2004年)で指摘したように，問題は，「国家システムが拡大してこの安全パラダイムが西洋外にまで適用されたときに，実はこのような前提を満たしうる国家が多数ではなかった」のである．そしてまさしくそのことによって，管轄の区画と責任者の設定，すなわち主権国家による地球大の安全確保という発想は，非西洋の一部地域において，区画の失敗に起因する「権力の真空地帯」を生んだのである．

　念願の独立を達成したものの，アフリカではほとんどの国家に共通するが，ルワンダ，ブルンジ，ソマリアなど国境の線引きが人工的で必然性のない地域や，ボスニア・ヘルツェゴヴィナ，ナイジェリア，スーダンなど，宗教，エスニック・アイデンティティが明確に分離していたところでは，コミュニティ間に信頼らしきものが育たず，誰が誰の安全確保に責任を負うのかも明確にならなかった．ここにおいては，共通アイデンティティ，土地への愛着，責任政府という国家の要件が整うことはなく，国家存続に必要な意思や努力を共同体で共有することができなかったのである．

　リヴァイアサン(最高度の暴力機構)としての国家が内乱を終結させ，国民の安全を高めるというホッブズ的仮説とは裏腹に，国家の存在それ自体が共存を不可能にするという逆説が生じている．なぜならば，仮に政府が設立されても，主権とは多数派集団の意思，治安も支配集団の安定でしかなく，各集団が主権そのものを奪い合うための抗争を演じ続けるからである．

理解を深めるための読書案内

アセモグル，ダロン，ジェイムズ・A. ロビンソン『国家はなぜ衰退するのか――権力・繁栄・貧困の起源(上・下)』鬼澤忍訳(早川書房，2013 年).

イグナティエフ，マイケル『民族はなぜ殺し合うのか――新ナショナリズム 6 つの旅』幸田敦子訳(河出書房新社，1996 年).

クラーク，ウィリアム・R.『ペトロダラー戦争――イラク戦争の秘密，そしてドルとエネルギーの未来』高澤洋志訳(作品社，2013 年).

グリーンスパン，アラン『波乱の時代(上・下)』山岡洋一・高遠裕子訳(日本経済新聞出版社，2007 年).

コリアー，ポール『最底辺の 10 億人』中谷和男訳(日経 BP 社，2008 年).

ダルモン，エティエンヌ，ジャン・カリエ『石油の歴史――ロックフェラーから湾岸戦争後の世界まで』三浦礼恒訳(文庫クセジュ，白水社，2006 年).

バーンスタイン，ウィリアム・J.『「豊かさ」の誕生――成長と発展の文明史』徳川家広訳(日本経済新聞社，2006 年).

廣瀬陽子『コーカサス 国際関係の十字路』(集英社新書，2008 年).

福富満久『中東・北アフリカの体制崩壊と民主化』(岩波書店，2011 年).

第10章

軍事介入と国際連合

> **Keywords** 国連憲章　戦争の違法化　軍事介入　人道的介入　保護する責任　国連安保理事国　ICISS　NATO

1　軍事介入と国際連合

(1) 制裁決議案のゆくえ

シリア問題は，国際社会と同社会が構成する国際秩序に重大な問いを投げかけている．大量虐殺に手を染める政府やその指導者は，ニュルンベルク綱領「人道に対する罪」で容赦なく犯罪者との烙印を押される．

反体制派を「テロリスト」呼ばわりし，「正当な国家保安上の取り締まり」として大規模空爆を行うシリア政府は，犯罪者との烙印を押されることなく，自国民を殺害し続けている．シリアでは内戦が深刻化し，2014年8月時点で，死者は16万人を越え，難民は300万人規模で発生しているといわれている．

なぜ，国連はシリアに対して人道的介入を行わないのだろうか．国連安全保障理事会では，2011年10月，2012年2月，同年7月に続き，2014年5月22日，バッシャール・アサド政権への制裁決議案に対し，ロシアと中国が拒否権を発動したため，4度目の否決となった．実はあまり知られていないが，リビアとシリアではほぼ同じ時期に反政府デモが起きている．リビアのベンガジで反政府デモが起きたのが2011年2月15日，その2日後にシリアの首都ダマスカスで反政府デモが発生している．シリアと同じ時期に民主化運動が起きたリビアに対しては2011年3月，国連安保理決議1973において即時停戦と民間人に対する暴力，攻撃，人権侵害を完全に停止することを要求し，安保理は17日にリビア上空に飛行禁止区域を設定，19日に武力介入へと移った．

カダフィ政権に対する武力介入とアサド政権に対する非介入の恣意性はどこからくるものなのか．一貫性を欠いた介入を行うにしたがって，国連安保理の権利基準の正当性は疑問にさらされることとなる．このままでは人道的介入は，恣意

105

的軍事介入に転落しかねない.

　2014年6月3日の大統領選でアサド大統領が88.7%の得票率で圧勝し,今も政権にとどまっている(国営メディアによると投票率は73.4%).アサド政権は2012年2月26日,シリアで限定的な民主化を認める新憲法の国民投票を行い,賛成89.4%で承認を得ていた.

　新憲法は,政権与党バアス党の「国家を指導する党」とする条項を削除し,大統領の任期を7年,2期までと限定したものの,大統領の立候補制限条項には,大統領の過去の任期は含まれないため,アサド大統領が2028年まで権力を維持することができることになっている.反体制派は「延命措置」だとして新憲法を認めず,内戦はこの後全土に拡大した.

　2012年3月以降,国連はシリアの政情悪化に対し,アラブ連盟と合同でコフィ・アナン前国連事務総長を特使としてシリアに派遣,事態打開を図った.同氏はアサド大統領と2回にわたり会談し,4月にアサド政権側と反体制派側双方の間で停戦合意をとりつけることに成功,国連はシリアのアサド政権側と反体制派の停戦監視のため,最大300人で構成される平和維持活動(PKO)の本隊派遣を決定した.しかしながら,停戦合意以降も戦闘は続き,安保理の協議も停滞する中,シリア情勢は悪化の途をたどった.

　常任理事国の足並みの乱れは,経済制裁でも顕著にみられた.経済的な包囲網に関しては,米国はすでに2011年5月からアサド大統領らに対し,米国国内で保有されている資産を凍結するなどの制裁を発動,米国企業などとの取引も一切禁止した.欧州連合(EU)もアサド政権に対する包囲網強化のため,シリア中央銀行のEU域内の資産凍結と,閣僚の渡航禁止,域内とシリア間の貨物便の運航禁止などの制裁措置をとっている.しかしその一方で,シリア向けの貨物船からロシア製軍用ヘリコプターが発見されるなど,シリアに対する制裁は機能していない.

(2) シリア問題に見る国連の対応と各国の思惑

　ロシアと中国がシリア介入の反対に回る背景には,ロシアにとってシリアは,重要な武器輸出国であり,軍事戦略上重要拠点であるからである.シリアの港湾都市タルトゥースには地中海で唯一の補給基地があり,空母艦隊を実戦配備している.もし「同盟国」シリアを失うことにでもなれば,関係の深かったリビアに

加えて地中海での影響力を完全に失うこととなる．

　中国については，「内政不干渉の原則」という問題が自国の内政と密接に絡んでいる問題であるためだとみられている．中国の抱えるチベット問題で，2009年から2014年8月まで少なくとも100名以上がチベットの自由を訴えて焼身自殺を図っている．民主化要求・分離独立問題は，同国にとって国の根幹に関わる最重要問題である．民主化要求を簡単に飲むことになれば，国内外の分離独立派を活気づかせる契機となる．両国の思惑はこのように交錯している．

　こうした外的要因以外にシリアとリビア両国の運命を分かつ鍵となる内的要因が，大きく分けて4つある．

　第1に，リビアの場合は，早くから反カダフィ勢力によって形成された国民評議会（National Transitional Council: NTC）という受け皿ができたという側面がある．しかし，シリアでは，そうした反体制勢力が組織できなかった．2014年2月24日，チュニスで開催された「シリアの友人」会合で，日本を含む米英仏，親米アラブ諸国などの有志国は，反体制派の代表として「シリア国民評議会」を承認すると発表したものの，明確な前線がなく，多くの都市で市街戦となっているのが現状であった．

　さらにシリアの一般市民にとって悲劇的なのは，シリアでは，人口の16％程度を占めるに過ぎないアラウィ派と呼ばれる少数派がバアス党，政府機関，軍，国営企業の要職を実効支配していて，定期的に選挙は行われているものの，事実上バアス党の一党支配体制が続いてきた．リビアのようにカダフィの側近を取り除けば良いのと違って，シリアの場合，父ハーフィズ時代からの古参の参謀や軍が台頭する可能性があり，これが国連安保理の武力介入という選択肢を封じている．

　第2に，地中海のすぐ南であるリビアの政情不安には，欧州が特に危機感を覚えたという点である．リビアの隣国チュニジア，エジプトは民主化をすでに終えており，武力介入が行われたとしても難民の流入は地中海といういわば厚い壁が堰き止めてくれる．他方，シリアは地域の中心として地政学上重要な国となっており，北にトルコ，東にイラク，南にヨルダン，西にレバノン，南西にイスラエルと国境を接し，これらはすべて米国の戦略上の友好国である．米国には，ここにアフガニスタンのような「権力の空白地帯」が再び生まれることを避けたいとの思惑がある．

第3に，リビアには石油があり，シリアには石油がないということである．リビアの石油利権は，Eni(イタリア)，BP(英国)，シェル(オランダ，英国)，Total(フランス)と伝統的に欧州企業に握られており，特にイタリアが，リビアを過去に植民地とした歴史的経緯や地理的近接さもあって重要な鉱区権益を手中に収めていた．それまでリビアでの権益が少なかったフランスと英国は，共同して真っ先にリビア入りした．リビアへの軍事介入時，仏紙リベラシオンは，国民評議会がフランスに対し，政府として承認した見返りにリビア原油の権益35%を譲るとした密約があるとの報道を行い，英紙テレグラフは，英国政府がリビアに有している石油利権に関して保全と新規契約のためにトリポリに専門チームを送りNTCと協議を開始する模様であると伝えていた．フランスはNATO軍としてカダフィ政権への攻撃に最初に移った国で，英国は，軍事介入を最も支持していた国の1つである．この両国が軍事介入に否定的だったロシアと中国を説得したのであった．

　最後に，ロシアと中国が最終的にリビアへの軍事介入に首を縦に振ったのは，犠牲者数による．リビアでは，内戦から約半年の間に2万5000人の死者が出ていたと報じられるほど激しい戦闘となった．他方シリアでは，半年間でそれほど大量の犠牲者は出していなかった．リビアでの急激な犠牲者数は，国際世論に強く訴えかけ，国連を動かしたと推測できる．一方，リビアに比べてゆっくりとしたシリアの惨劇は，大きな反応を起こすには至らなかった．

2　国連の介入姿勢の変化

(1)「平和への課題」と改革の頓挫

　ある国家の秩序が崩壊し，国民が万人による万人の戦争状態に投げ出されているようなところ，あるいは国家が自国民に対して大規模で組織的な暴力を繰り返しふるっているようなところでの人権擁護の唯一の手段は，経済制裁から武力介入に至る直接介入である．冷戦終結以降，ハイチ，ソマリア，イラク，ボスニア，コソヴォへの介入は，この人道的介入の論理でなされ，またリビアに対する介入も同様であった．

　とはいえ，難しいのは，介入の権利なるものの法的地位が不明確であることである．国連憲章は加盟各国に向かって人権を称揚するように求めながら，他方で

は他国に対する武力行使を禁じるとともに内政干渉も禁じている．

国連憲章では，第2条4項において，すべての加盟国は，武力による威嚇または武力の行使を，いかなる国の領土保全または政治的独立に対して慎まなければならないと規定している（戦争の違法化）．他方，第7章において，加盟国に許される武力行使は，個別的および集団的自衛権に基づく場合に限り，安全保障理事会による軍事的強制措置が認められている．なお，侵略行為に直面した当該国家は，武力攻撃に対する反撃以外はすべての武力行使が禁止されている一方，安保理は平和に対する脅威，平和の破壊または侵略行為に対し，国際の平和および安全を維持しまたは回復するために勧告ができる．これは，第41条および第42条に従って，安保理が武力攻撃を含めた措置を講ずることができるということを意味する．その意味で，国連憲章は，武力行使の合法性判断において安保理に決定的な役割を与えている．

ただし，国連が国家主権を超えて，平和に積極的に関与していこうとの動きがみられるのは，冷戦終結以降のことである．とりわけ1992年，ブトロス・ガリ国連事務総長が論じた「平和への課題（An Agenda for Peace）」は特に国連の変化が最も現れたアクションであろう．そこでは，国家主権が絶対的かつ排他的な時代は終わったとして，第7章をもとに，あらゆる平和的解決の道が閉ざされた場合に限り，軍事的強制措置が安保理の議決を経て認められるとして，国連が積極的に平和構築に関与することが謳われた．

ところがこうした改革は頓挫する．1992から93年にかけてのソマリアでの平和維持活動，94年のルワンダでの大量虐殺，95年のボスニアでのスレブレニツァでの大量虐殺の介入に立て続けに失敗，国際社会は「積極的な平和構築」の困難さを改めて知らされることになった．1998年2月コソヴォ紛争が勃発すると，99年3月24日遅々として進まない国連安保理の審理を待たずして，セルビア人によるアルバニア系住民の迫害を阻止するため，人道的見地からNATOがセルビア勢力の拠点に対し空爆，安保理決議なしの攻撃への非難もさることながら，介入に尻込みする国連安保理への非難もそれ以上に殺到した．

●コラム　紛争のあおりを受けるモザイク国家レバノン
　パレスチナ問題は近隣国に対しても大きな影響を与えた．レバノンは，キリスト教

109

(マロン派，ギリシア正教，ギリシア・カトリック，ローマ・カトリック，アルメニア正教)，イスラム教(シーア派，スンニ派，ドルーズ派)等18宗派が混在する世界でも稀な「モザイク国家」である．同国は，1920年フランスの委任統治下に入り，43年に独立するまでに大統領はキリスト教マロン派，首相はイスラム教スンニ派，国会議長は同シーア派から選ばれることが紳士協定によって決められ，現在でもその権力配分が維持されている．国会の議席についても，128議席をキリスト教徒とイスラム教徒で同数配分されている(少数派にも配分)．

だが，1970年代以降，パレスチナ難民の急激な流入によって，イスラム教徒の比率が高くなり宗教対立が激化すると，1975年には，キリスト教徒との間で内戦が勃発(レバノン内戦)．さらに1978年には，PLOがレバノンに身を寄せてイスラエルへのテロを企てたことからイスラエルとの間でも戦争となった(イスラエルによるレバノン侵攻)．パレスチナ問題のあおりを正面から受けて，レバノン国民は，政治経済社会が急速に疲弊するといった未曽有の不幸を経験することとなった．

1982年，イスラエルへの抵抗を呼びかける急進的シーア派武装組織ヒズボラ(神の党)が結成され，以後イスラエルとの戦争が果てしなく続いている．その後レバノンはイスラエルと同じく敵対していたシリアと急速に関係を深めていった．今度はシリア内戦のあおりを受けてシリアから100万人もの難民が流入している．

(2)「保護する責任」論

こうした状況下において，アナン国連事務総長は1999年9月の第54回総会で内政不干渉と武力介入の問題に対して国際社会のコンセンサスを得ることができる新しい枠組みを模索した．2000年3月7日には，国連はアルジェリアの元外相ラフダール・ブラヒミを議長とする委員会を招集，国連の平和活動を，①紛争予防と平和創造，②平和維持，③平和構築に分けた上，それぞれの分野での改革の必要性を訴えたのである．これが世にいう「ブラヒミ報告」である．

アナン事務総長は，1993年3月から1996年12月まで平和構築担当の国連事務次長であり，その間に起きたルワンダとスレブレニツァでの大量虐殺で責任を果たすことができなかった．その自責の念が彼を新しい枠組みの創設に駆り立てたとの説もある．だが，ここから積極的平和関与政策が加速する．2001年12月，アナン事務総長の訴えに共鳴したカナダのロイド・アクスワージー外相が組織した国際委員会の報告書が国連に提出され，提出された「干渉と国家主権に関す

る国際委員会(International Commission on Intervention and State Sovereignty: ICISS)」の報告書「The Responsibility to Protect」には,「保護する責任(Responsibility to Protect: R2P)」という,これまでにない概念が導入されることとなった.

その基本原則は,以下の通りである.

① 国家主権とは,責任を意味し,国民を保護する主要な責任はその国家自体にある.
② 内戦,暴動,抑圧あるいは国家破綻の結果として甚大な迫害を受け,かつ問題の国家がその迫害をやめさせる意思もしくは能力がない場合,保護する国際的責任が内政不干渉に優先する.

内政不干渉の原則を超えて,あくまでも最重要視されるべき人命の保護に当たるべきであるとするこの「保護する責任」論は,当初,新機軸を打ち出した点で高い評価を得ることとなった.例えば2005年3月,アナン国連事務総長が国連首脳会合で発表した「より大きな自由を求めて」報告書では,「保護する責任」を国連においても認知すること,国家主権が保護する責任を負うことができない場合は,国際社会がその役目を担うこと,安保理は国連憲章に従ってしかるべき措置をとるべきであること,等が明記された.

同年9月の国連首脳会合成果報告書でも,国連に参加するすべての政府は,大量虐殺,戦争犯罪,民族浄化および人道に対する罪から人命を守ることに対して国際的な責任があるとの見解が全会一致で採択され,平和的解決が不可能であり,かつ国家主権が崩壊しているときは,安保理を通じて集団的行動をとることが記された.

国連は,長い間固執してきた内政不干渉の原則から,冷戦終結以後,約10年の歳月をかけて人命の保護を第一とする「保護する責任」へと動いた.2011年3月のリビアへの軍事介入はこの「保護する責任」に基づく介入の最初の事例であった.

しかしながら,武力介入を伴う人道的介入は,誰が,いつ,どのような場合において許可するのか.さらにいえば大量虐殺とはいったいどの程度の規模をいうのか,そして誰がそれを判断するのか,については一向に解決できていない.そ

れどころか，実際の武力行使は国連安保理以上の実行主体はないという，むしろ国連の限界を露呈することにもなっている．

国連に大きな影響を与えたICISS報告書でも，「紛争予防が最も重要な取り組みであり，介入は可能な限り手を尽くした後に選ばれるべき選択肢である」とし，万一，武力介入を正当化する場合は，「正当な意図(right intention)」，「最終手段(last resort)」，「均整のとれた方法(proportional means)」，「合理的な見込み(reasonable prospects)」の4つを満たしていなければならないとしており，介入を発動するには，大規模な人命の喪失がみられる場合と強制退去や婦女暴行を伴う大規模な民族浄化がみられる場合など，正当な理由(just cause)となる差し迫った危機に対処する場合に限られる．結局これは，これまでの国連による主張を繰り返しているに過ぎない．

実際の武力行使に関しては，やはり国連憲章第8章をもとに，国連安保理の機能不全の場合は国連緊急特別総会や地域機関等にも武力介入の余地を認めてはいるものの，実際には国連安保理以上の実行主体はなく，いかなる武力介入でも，安保理の決議が優先されなければならないとしている．

(3) 人道的介入と安保理決議の必要性

では国連決議なしの介入はどうだろうか．コソヴォ空爆は，NATOが地域紛争に対して国連決議なしでも必要とあれば躊躇なく軍事介入をする，という「21世紀に向けての新しい戦争形態」を提起したものであった．コソヴォ空爆の際のNATOが，人道的介入が必要であった理由と主張している要件は以下の通りである．

① 甚だしい人権侵害が起きている．
② 周辺地域の安定性を確保する．
③ 平和的解決手段はついえている．

問題視されたのは，空爆が始まると民族浄化が加速してしまったことである．NATOは，空爆によってすぐにミロシェヴィッチが降伏すると踏んでいたが，ミロシェヴィッチの態度を硬化させ，問題は複雑化してしまった．これにより，逆にコソヴォからの大量難民の流出に拍車をかけたともいわれている．ユーゴス

ラヴィア・コソヴォ自治州から，マケドニアなど隣接する国に避難した難民は合計100万人にも上ったとされている．さらに誤爆による民間人の死者1500人以上，負傷者約5000人以上の「非人道的な状況」も生み出したといわれている．また，NATO諸国の政治的利害も絡んでいたため，「介入の目的は甚だしい人権侵害の停止に限られ，国益の実現といった，それ以外の目的を含まないこと」という国連介入要件を満たしていないとの批判も上がった．

　しかし，介入を行う各国に対し，政治的利害が絡まない道徳心だけからの介入を期待することは果たして可能であろうか．介入する国にとっての利害の有無がその問題に対する関心を高めるであろうし，積極的な活動を期待することができる可能性もある．また，「人道的成果が期待できる」という点に関しても，人道的介入の困難さや，個別問題の複雑さなどからいって，どのような結果が起こりうるのかについて予測することは難しい．NATOの予測どおりにすぐにミロシェヴィッチが降伏するという状況になっていれば，結果的に成功した人道的介入となっていた可能性もある．

　大量虐殺を抑止するためには一刻も早く行動することが求められる（第11章）．介入が認められる要件が十分に満たされていなくても，行動する必要性が出てくる可能性もあるだろう．実際にNATO自体も国連安保理での早急な審議が困難であったため，安保理決議なしの介入に正当性があると主張していたのである．

　しかしながら，そこには政治的利害からの介入を濫発させる危険性がある．実際，人道上の危機を口実になされた介入のケースは数え切れないほど存在する．例えば，1983年の米国と東カリブ地域6ヵ国によるグレナダ侵攻が挙げられる．介入の目的は，左翼政権によって生命の危険にさらされている現地米国人の救出であるとされていた．しかし，これを審議した国連総会は，軍事侵攻によって無辜の市民が殺害されたことを遺憾とし，国際法のあからさまな違反であると非難した．

　米国の自衛権の行使と称したイラク侵攻も，その典型的事例に挙げられるだろう．いずれにせよ，法的な正当性が付与されていない状況下において，「人道」というあたかも道徳的に正当な言葉を口実にすることで，介入が正当化されれば，様々な政治的利害をはらむ介入が濫発される危険性が高まる．そのため，政治的利害をはらむ介入に歯止めをかけるという意味合いからも，安保理の責任と恣意性を排除した役割が重視されるのである．

理解を深めるための読書案内

明石康『戦争と平和の谷間で──国境を超えた群像』(岩波書店, 2007 年).
明石康『国際連合──軌跡と展望』(岩波新書, 2006 年).
緒方貞子・半澤朝彦編著『グローバル・ガヴァナンスの歴史的変容──国連と国際政治史』(ガヴァナンス叢書, ミネルヴァ書房, 2007 年).
押村高『国際政治思想──生存・秩序・正義』(勁草書房, 2010 年).
北岡伸一『国連の政治力学──日本はどこにいるのか』(中公新書, 2007 年).
信田智仁編著『アメリカの外交政策──歴史・アクター・メカニズム』(ミネルヴァ書房, 2010 年).
篠田英朗『平和構築入門──その思想と方法を問いなおす』(ちくま新書, 2013 年).
ミラー, デイヴィッド『国際正義とは何か──グローバル化とネーションとしての責任』富沢克ほか訳(風行社, 2011 年).
村田晃嗣『現代アメリカ外交の変容──レーガン, ブッシュからオバマへ』(有斐閣, 2009 年).
最上敏樹『国連とアメリカ』(岩波新書, 2005 年).
最上敏樹『人道的介入──正義の武力行使はあるか』(岩波新書, 2001 年).

第 11 章

軍事介入の論理

Keywords 軍事介入　戦争への正義　人権保護　道徳的アプローチ　歴史的アプローチ　制度的アプローチ　国際法　集団的安全保障　介入の義務

1　軍事介入の論理

(1) 道徳的アプローチ

　軍事介入は，どのような理由で行うことができるのだろうか．国家という暴力の独占機構の内部で敵／友の区別が生じ，武装闘争によって混乱の中に無防備な状態で罪のない市民が投げ込まれている場合には，国家のレゾンデートル(raison d'être: 存在理由)は崩壊しているといっていい．では，国際社会はそのような国に無条件に軍事介入して良いのだろうか．

　政治哲学者マイケル・ウォルツァーは『正しい戦争と不正な戦争』(2006 年)で，主に国家間戦争を想定していた 1980 年代末以降，国家内紛争へと軸足を大きく変えている現代において，侵略や大量虐殺という 2 つの脅威に対しては，国家は単独でも時に行動する必要があると主張する．

　「戦争の道徳世界が共有されるのは，誰の戦いが正義で誰の戦いが不正義かについて，我々が同一の結論に達するがゆえにではなく，結論への道のりにおいて同一の困難を認識し，同一の問題に直面し，同一の言語を話すがゆえにである」．そして「参照すべきは，政治指導者の良心ではない．政治指導者は別に考えるべき事柄があるし，義憤や憤慨といった当たり前の感情を抑制することが必要であるかもしれない」として，介入の根拠を一般の人々が日常的活動の中で獲得してきた道徳的信念にあるとする．本章ではこれを「道徳的アプローチ」と呼ぶことにする．

　ウォルツァーによれば，これまで戦争や軍事介入を巡る内政不干渉の原則を柱にした考えにおいて，以下の 5 つの原則(ウォルツァーはこれを法律家のパラダイム(legalist paradigm)と呼んでいる)が我々の道徳意識を長い間支配してきた

115

と論じている.

① 独立国家からなる国際社会が存在している.
② この国際社会はその構成国の権利——とりわけ,領土保全と政治的主権の権利——を規定する法を有する.
③ 他の国家の政治的主権もしくは領土保全への武力行使は,侵略であり,犯罪行為である.
④ 侵略に対しては,被害国による自衛の戦争と,被害国とその他の国際社会の構成員による法執行の戦争という,2種類の暴力的な対応が正当化されている.
⑤ 侵略国家が軍事的に撃退された後,その侵略した国家を罰することができる.

だが,ウォルツァーは,そもそも戦争道徳は,Jus ad bellum(「開戦法規」あるいは「戦争への正義」)と Jus in bello(「交戦法規」あるいは「戦争における正義」)という時間軸で分けて議論しなければならないとして,ユス・アド・ベルム(戦争への正義)について,上記のこれまでの考えに代わる新しい4つの考えを提示している.

① 個人も国家も,実行に移される直前の差し迫った暴力に対しては,合法的に自らを防衛することができ,戦闘の口火を切ることができる.ただし,この場合,脅威は差し迫ったものでなければならない.
② ある特定の国境内において2つないし複数のグループが存在するある特定の領域内において,そのうち1つがすでに独立のための大規模な軍事闘争を開始している場合,均衡を図るための対抗干渉(counter-intervention)ができる.
③ 介入する側の兵士の生命の保障を可能な限り追求することが民主国家の義務であるとする.
④ 正しい戦争の目標は,不法な暴力を根絶やしにすることではなく,ただ個別の暴力行為に対処することであるとして,虐殺を止めることができれば,帝国主義的関心がないことを示すためにも迅速に撤収しなければならない.

ただし，即時撤収に関して2002年，ウォルツァーは，自らが主宰する「Dissent」上で，ソマリア，ボスニア，ルワンダ，東ティモール，リベリア，シエラレオネ，コソヴォでの人道的介入を考慮したうえで，民族浄化が再び起こる可能性がある場合には引き続き留まることができる以下3つの例外が存在すると論を改めている．第1に，カンボジアの場合のように，戦場が広範囲にわたり，国家再建のための制度的・人的資本が欠如している場合，第2に，ウガンダ，ルワンダ，コソヴォなどの事例のように，民族対立が深刻で撤収した場合に再び怨念の仕返しによる民族浄化が行われる可能性がある場合，第3に，軍や警察機能が麻痺しているというレベル以上に国家崩壊に見舞われている場合である．

ウォルツァーにとって重要なのは，道徳的選択は単純に下されるだけではなく，判断がなされるものだということである．判断基準は，法によって提供されない我々の中にあるとして，一般の人々が日常的活動のなかで獲得してきた道徳的信念にある，とするのである．

その意味でウォルツァーは，内政不干渉の原則を堅持する国際法学者に対し，越境の禁止は絶対的ではないという．その理由は，1つには国境線が恣意的で偶然的性質を有するからであり，もう1つには国境内部の(諸)政治共同体と国境を防衛する政府との関係が不明瞭だからである．

ウォルツァーは，我々に必要なのは，国境に対してのある種のア・プリオリな尊重を取り払うことである，と述べる．1国の国民が虐殺される瀬戸際に立たされている時，もしこのような人々が完全な抹殺から救われないのだとすれば，民族の自律性や権利を尊重するというのはいったい何を指すのか，と我々に問いかけているのである．

(2) 歴史的アプローチ

だが，政治哲学者マイケル・イグナティエフは，『人権の政治学』(2006年)で，道徳的アプローチをとると，無関心でいる人間を暗に批判することになりはしないか，と小首を傾げて，「他者の苦痛に無関心なままでいる多くの人間が存在するという事実は，そういう人々が良心をそなえていないということの証明ではなく，単にこの良心が自由なものであるということを示すに過ぎないのではないか．この自由を持つおかげで人間は苦痛を感じ，他者の苦痛を認識することができ，そして善をなす自由と，悪をなさない自由を選択できる．そのような自由がある

おかげで私たちすべての人間は，残酷さから守られるべきであると信じられるのではないか」と，個人的権利なき集団的権利は，結局のところ暴政に至るのだと懸念を表明するのである．

　イグナティエフのとるアプローチは，歴史が語る事実から，介入までに至る道順を示すもので，本章ではこれを「歴史的アプローチ」と呼ぶ．イグナティエフは，人権が1つの「世俗宗教」と考えられているとすればそれは誤解だとして，人権の普遍的な訴求力を強めようという意図は疑問であり，むしろ逆効果であると述べる．なぜならそれはヒューマニズム自体を崇拝するヒューマニズムという奇妙な代物になってしまうからである．彼によれば人間は生まれながらにして尊厳が内在している聖なる存在である，といった主張は信念の形而上学的基礎づけに過ぎない．様々な文明，文化，宗教の間では，人間の善き生活とはどのようなものであるべきかをめぐって意見の一致はみられていない．だから大きな相違がある様々な文明，文化，宗教のもとでも，それぞれが維持できる人権レジームでなければならない，というのである．

　ただし彼は，「私たちが人権を必要としているということについて意見を一致させることはできる．そうした根拠から人権保護の必要性を信じる方がずっと確実である．現代の人権にはそのような確実な根拠が必要であり，またそのような根拠は歴史が私たちに語りかけることにこそある」と主張する．

　歴史が語る事実とは，つぎのようなものである．自由な主体的行為能力それ自体が国際的に合意された標準規則すなわち国際法にそって保護される必要があるということ．この標準規則には，諸個人が，自分が属する国家の内部での不正な法律や命令に反対し，抵抗する権利が含まれていなければならないこと．そして，最後に他のあらゆる救済手段が尽きたときには，これらの個人は，自国民以外の人々や自国以外の国家，国際諸機関に自分たちの権利を擁護するよう援助を訴える権利がある，というものである．そして介入には4つの規準があるとする．

① 問題となっている人権侵害は，大規模で組織的かつ周辺に拡大していくものでなければならない．
② それは，周辺地域における国際平和と安全にとっての脅威でなければならない．
③ 軍事介入は，そうした侵害を停止させる現実的可能性があるものでなけれ

ばならない.
④ 当該地域は，世界の強大国の中の1つにとって文化上，戦略上，ないしは地政学上の理由から死活的に重要な利害関係を有するものでなければならず，かつまた1つの強大国が武力行使に反対しない．

　重要なのは，人権の名のもとに何かを行う際には，私たちは人権規範への同意を求める義務があり，同意が与えられない場合には自由意思に基づいて介入を差し控える義務を他方で負うということである．
　そこから，甚だしい人権侵害があってもそれが地域の平和と安全を脅かしていない限り，軍事介入は正当化されない，という含意が導かれる．反体制派市民勢力に対するミャンマー政府による抑圧は明らかに国際人権規範に違反しているといえるだろうが，しかし，ミャンマーの軍事支配者が近隣諸国の脅威とならない限り，彼らは軍事介入を受けるリスクを負うことはないのである．このとき強制的な人権介入が正当化されうるのは，厳格に規定された緊急必要の場合——人命が危機に瀕している場合——だけになる．

2　責任を引き受ける

(1) 道徳的切り札としての人権
　しかし，介入を待ったことで，基本的人権の信頼性に与えたダメージが途方もなく大きくなった事例，何十万ものツチ族が殺されたルワンダのような惨劇もあったのではないか．
　国連は，基本的に主権概念を重要視し，集団的安全保障の枠組みの範囲内での安保理決議による武力行使を固持してきた．だが，主権を飛び越える介入によって関係のない人命が奪われる可能性もある．他方で主権概念を尊重するあまり，尊い人命の損失が拡大しているのにもかかわらず，何もできない可能性も常にある．もしそうであれば，国家構成員の剝き出しの生存や最小限の自由が危機に瀕している場合，内政上の失敗という帰結から，近隣国(諸外国)の介入の権利は認められるのではないか．
　ルワンダでの大量虐殺は西側の国々が軍事介入にともなうリスクを冒すに値する切迫した自らの国益に関わる問題としなかったために，80万人もの人々が命

119

を落とすことになった．イグナティエフも「その結果，多くのアフリカ人が下した，西側の人々がいう普遍的価値観へのコミットメントなるものも，所詮は人種的偏見によってどうしようもなく汚されているものなのだ」という結論に一言も釈明できなかったと認めている．「本当のところは，ルワンダの大量虐殺は国内だけで終わるような問題ではなかったし，それを阻止できなかったことこそが，中央アフリカ全体で国家秩序崩壊が拡大していく直接的原因となったのである」．

　だが，イグナティエフがここで問題にするのは，人権は政治を超越している，言い換えれば，人権とは政治上の論争に決着をつける働きをする道徳的切り札だ，という考え方に対してである．紛争当事者が介入か非介入かをめぐって二手に分かれて争うとき，その対立が解決されるのは，抽象的な目的の王国においてではなく，手段の王国においてである．「政治とは，具体的な状況と道徳的な目的との間で折り合いをつけなければならないものであり，また，手段と目的の間だけでなく複数の目的自体の間での苦渋に満ちた妥協を引き受ける覚悟をもっていなければならないものなのである」．

　なるほど現代の独裁国家は，一方で人権を遵守しながら，自己決定を求める民族的少数派や反体制派を封じ込めるということを同時にうまくこなしている（第6章）．これらの多くの抑圧体制が議論や熟議に応じようとはしないことを前提すれば，独裁体制に対して人権が安易に戦いの誓いになったりする可能性を否定できない．ブッシュ米大統領のイラク侵攻の結果をみると，人権保護を理由に武力への呼びかけに転じるような機会となることを厳しく制限し，介入に慎重を期すべきであるとの考えは理解できる．

　そこでイグナティエフは，義務を履行しない当事国の主権を根絶したりそれに取って代わったりするのではなく，主権を一時停止する，という考えを主張する．この考え方は，介入が帝国主義的になるのを阻止するためである．その意味で，彼にとって人権が権威主義的社会に到来するのは，活動家たちが命がけで民衆が自発的に人権を要求するように導くときであり，そして彼らの活動が国際的な影響力をもつ国々からの寛大で慈悲深い支援を受けることができる場合だけなのである．

（2）ミニマリズムの追求

　どのような場合でもイグナティエフは，最小限主義のミニマリズムという手法

第 11 章 軍事介入の論理

で人権の普遍主義と文化的道徳的多元主義を調停する道を見出すことが重要だと述べる.「私たちは人権の基礎を, 自然のままの人間の憐憫の情や連帯の上に築くことはできない. 私たちは, 最善の行いに期待をかける代わりに, 私たちがなしうる最悪の行いを想定してつくり続けなければならない. 言い換えれば, 私たちは人間の自然の上にではなく, 人間の歴史の上に人権の基礎を築かなければならない」というのである.

イグナティエフが主張するのは, 緊急事態においてとるべきスタンスを「より小さな悪(the lesser evil)」という言葉に集約される, 集合的な利害と個人の権利を両立させながら権利の制限を明確化し, 国際規準を受け入れて, 開かれた手続きに基づく民主主義による平和を目指そうとする考えである(『許される悪はあるのか?』).

イグナティエフは, 人権の普遍性について, いつでもどこでも誰からも賛同を得ることなどとうていありえないと主張する. なぜなら力が不平等に配分されている世界にあっては, 力ある者と力なき者とが合意できるような提案はすっかり牙と毒を抜かれ, 力ある者たちが力なき者たちの普遍的利益を規定しているからである.「世界人権宣言前夜の歴史は, 人間が自然的には他者にどれほど無関心であるか雄弁に物語っている. ホロコーストが暴露したものは, 憐憫と配慮という人間の自然の属性がどれほどのものであっても, それらが法によって, 義務として強制されないような状況では, 恐ろしいほど不十分であるということを明らかにしたのである」(第1章).

イグナティエフは, 論争終結のためにはそれとは別の政治的な要因, 例えば, 揉め事はもううんざりだという気分が双方で共有されること, 相手に対する敬意が芽生えてくること, お互いを認め合うことなどが不可欠であるという. 他方で人権に価値を認める幅広い合意が存在するとはいえ, 熟議を通じて意見の一致に到達するのは困難であり, 人権運動と主権が衝突するような状況下においては, 人権を目的とした介入の限界があることをはっきり指摘している. 介入が正当化されるのは, 繰り返すことになるが, あらゆる規範ないし公正さが破綻し, 個人の保護が瓦解した場合だけなのである.

では, 安保理決議の前に「非合法」でも介入されなければならない紛争は絶対にないと言い切れるだろうか. 罪もない子供を含む多くの市民が犠牲になっているのに, 手をこまねいてただ傍観するしかないのだとすれば, この近代世界を支

えている人権や民主主義という概念それ自体を疑いたくもなる.

　問題は，安保理以外の行為主体がないこと，つまり大国に頼らざるをえない現状と，一方でコストを担うべき主体の不明瞭さ，そして武力介入を伴う人道的介入は，誰が，いつ，どのような場合において許可するのかという点が解決できていないことである.

3　制度的アプローチの追求

　米国，英国，フランスのような国家にとって，ある国の人権の達成度を理由に非難しながら，その一方で反体制派市民を抑圧するために用いられる可能性がある車両や武器をそれらの国の軍部に提供している事実を鑑みても，これらの国家が，侵略や大量虐殺の脅威に応答する国際的主体として首尾一貫性を欠いていることは，動かしようのない事実である．重要なのは，この異常／正常表裏一体状態の中で，冷笑的態度をとることなく，人権問題を抱えるロシアや中国が国際法を形成するこの世界で，内戦状態をいかにして抜け出すか，ということを粘り強く議論していくことだろう．人道問題に関しては，国連安保理は拒否権を行使できないとするなどこれまでにない制度改革が必要となるだろう.

　筆者は，人命を救うという目的を達するためには，次章冒頭で論じる積極的平和に依拠した介入の制度理論＝地球社会が保障すべき最低限の自由の理念をリビアへの介入とシリアの問題を機に再構築するべきであると考える．これを「制度的アプローチ」と呼ぶ.

　例えば6ヵ月という短い期間の間に紛争当該国内，あるいは国家間紛争で対立した一方において数千人を超える一定数の尊い人命が失われた場合，自動的に人道的介入事案として国連総会に報告され，国連は近隣諸国における要監視事案としてマークし，経済制裁を開始して軍事介入を警告する．もしそのとき，子供，女性，高齢者だけの一定数を設定できれば，社会的弱者が犠牲となっていることを理由に介入の正当性は増すだろう．また，さらなる6ヵ月の間に前述した一定数の同数の人命が一方的に失われた場合には，国連安保理は非常任理事国を含めて軍事介入に入る手続きを開始し，速やかに虐殺停止を目的とした介入がなされる．当事者間で犠牲者が一定数を超える場合も同様である．その場合の介入は「停戦」を目的とした介入事案となる.

「期間設定」は極めて重要な概念であり，これは，どちらが保護される側で，どちらが介入される側かがわからなくなってしまった事例，例えば原理主義勢力が重層的に入り込み，かつどちらの側が化学兵器を使用しているのか明確でなく手を出せないといった，現在のシリアのような深刻な事態に陥ることを避けるためである．多くの紛争は，時系列でのくくりがないため，往々にして紛争の長期化により複雑化した事態となる．

犠牲者のカウントは，赤十字・赤新月，国境なき医師団などの医療 NGO，ヒューマン・ライツ・ウォッチなどの人権 NGO，そして国連難民高等弁務官事務所(UNHCR)など国連機関が連携していくことが要となる(NGO については第 13 章)．コストの負担は，例えば 1 人当たり GDP で一定の額を超えている国家が介入当事国に関係なく担うことにするなど，ここでも人命保護のための「介入の義務」の制度構築を考えるべきであろう．こうした点についてあらかじめ設定することで，武力介入を伴う人道的介入は，誰が，いつ，どのような場合において許可するのかという恣意性を排除することができる．そして「保護する責任」論をこれまでにないほど強化できると考えるからである．

理解を深めるための読書案内

イグナティエフ，マイケル『許される悪はあるのか？——テロの時代の政治と倫理』添谷育志・金田耕一訳(風行社，2011 年)．
イグナティエフ，マイケル『人権の政治学』添谷育志・金田耕一訳(風行社，2006 年)．
イグナティエフ，マイケル『軽い帝国——ボスニア，コソボ，アフガニスタンにおける国家建設』中山俊宏訳(風行社，2003 年)．
イグナティエフ，マイケル『ヴァーチャル・ウォー——戦争とヒューマニズムの間』金田耕一ほか訳(風行社，2003 年)．
ウォルツァー，マイケル『正しい戦争と不正な戦争』萩原能久監訳(風行社，2008 年)．
ウォルツァー，マイケル『戦争を論ずる——正戦のモラル・リアリティ』駒村圭吾ほか訳(風行社，2008 年)．
ウォルツァー，マイケル『政治と情念——より平等なリベラリズムへ』齋藤純一・谷澤正嗣ほか訳(風行社，2006 年)．
ウォルツァー，マイケル『道徳の厚みと広がり——われわれはどこまで他者の声を聴き取ることができるか』芦川晋・大川正彦訳(風行社，2004 年)．
ウォルツァー，マイケル編著『グローバルな市民社会に向かって』石田淳ほか訳(日本経済評論社，2001 年)．

山内進編『「正しい戦争」という思想』(勁草書房，2006 年).
ルッツ゠バッハマン，マティアス，アンドレアス・ニーダーベルガー『平和構築の思想——グローバル化の途上で考える』舟場保之・御子柴善之監訳(梓出版社，2011 年).

第12章

平和構築と権力分有(パワーシェアリング)

Keywords 武装解除 動員解除 社会復帰 国連平和維持活動(PKO) 多極共存型パワーシェアリング 統合主義型パワーシェアリング 複合型パワーシェアリング 自治権付与

1 平和構築とは何か

(1) 消極的平和と積極的平和

　平和には，消極的平和と積極的平和の2種類がある．これはノルウェーの政治学者で，平和研究，紛争研究の開拓者の1人として知られているヨハン・ガルトゥングが1960年代に提起した考えで，平和＝戦争のない状態と捉える「消極的平和」に対し，「積極的平和」は貧困，抑圧，差別などの構造的暴力がない状態を指す．戦争の不在として定義される平和は，否定的・消極的に捉えられる平和であるため，「消極的平和」と呼ばれる．これに対し，「積極的平和」は，豊かさ，秩序，安全，正義，公平，自由，平等，民主主義，人権尊重，健康，福祉，文化的生活，生きがい，環境などを含めた総合的な平和である．ガルトゥングは，それが保障されていない世界を構造的暴力の世界だと述べた．

　冷戦時代，戦争のない状態を目指すことが何よりも重要視され，抑圧や環境悪化にまで目が向かない時代が長く続いた．だが，米ソ対立終焉後は，正義や人権，健康などが保障され，生まれた場所に左右されることなく，人間が人間らしく暮らしていける安全な世界を構築していくことが求められるようになった．第10章で触れたように，1992年，ガリ国連事務総長の「平和への課題」を論じた「ガリ報告」以降，国際社会で平和構築(peace-building)が取り上げられ，2000年には，「単に戦争がないという以上の状態を構築する手段を提供する措置」と定義した「ブラヒミ報告」が提出され，積極的平和関与政策が加速していくこととなった．

　国連では，「脅威，挑戦および変革に関するハイレベル委員会報告書」が2004

年12月に提出され，2005年3月には，アナン国連事務総長の「より大きな自由を求めて」と題された「アナン報告」で，紛争から永続的な平和への移行を検討する「平和構築委員会(Peacebuilding Commission: PBC)」の創設を提言，その後正式に設置が決まった．

(2) 平和構築(支援)活動と治安分野改革

では，具体的に平和構築はどのように進められていくのだろうか．第1段階は，「安定化段階(the stabilization phase)」といって紛争の敵対行為が停止した直後の段階で，安全な環境の確立と緊急人道援助計画を通じた紛争の直接的被害の処理が，この段階の活動の2大焦点となる．この段階では，国内の諸アクターが自らの生き残りと組織再編に専念することが予想され，必然的に，外部アクターが安定化段階で主要な役割を担うことになる．ただし，外部アクターは，平和構築の基礎を根づかせるために，国内アクターの参加と彼らとの協議をあらゆる機会を捉えて行わなければならない．安定化段階の後期には，中長期的な回復・復興活動のための準備作業(復興ニーズ調査や国際援助供与国会議開催など)も並行して進むことになる．状況にもよるが，一般的に安定化段階には90日から1年を要するとされる．

平和構築の第2段階を「移行段階(the transition phase)」と呼ぶ．典型的には，暫定政府を組織し，可能な限り短期のうちに，新憲法を定める移行政府を選定するための選挙を行い，国民投票による新憲法の制定とその規定に基づいた新政府を成立させなければならない．永続的な社会・政治秩序を構築できるかどうかは，機能する官僚制，法の支配および永続的な社会経済システムなどが機能するかどうかにかかっており，国内アクターの責任を重くして，最終的に外部アクターから責任を移行するものでなければならず，細心の注意を払う必要がある．移行段階は，通常は1年から3年と見込まれる．

最終段階は「定着段階(the consolidation phase)」と呼ばれる．定着段階の初期または中期に，国連平和維持活動の軍事部門は撤収を開始し，新たに選出された政府と市民社会との間で永続的平和の構造をつくり出すための包括的な支援を必要とする．国民和解と国民創出(nation-building)の促進，社会・経済的な復興の促進，治安機関改善による法の支配の徹底を図る一方，平和維持活動における軍事支援は漸進的に撤退することが求められる．したがって，定着段階では，国

内アクター自身で計画・調整の全責任を負えるように，その能力開発に力点をおき，外部アクターの役割は技術支援提供にまで低下させる必要がある．定着段階には，4年から10年を要するのが典型的であり，その後も，開発計画に従って息の長い経済支援を行っていく必要がある（等 2007）．

　以上は，平和構築（支援）活動を段階的に追ったものだが，平和構築活動の最終的な目標は，紛争の再発を防ぎ，安定した政治体制をつくるということである．そこで鍵を握るのが，治安回復のための包括的な枠組みである治安分野改革（Security Sector Reform: SSR）である．SSRの対象となる分野は複数あり，基本的には，国家の根幹的な治安機能を回復するために必要な「武装解除」「政府改革」「警察改革」「司法改革」「刑法改革」の5つの要素で構成されている．この中でも助走段階から全行程を通じて軸になるのが，武装解除・動員解除・社会復帰（Disarmament, Demobilization, Reintegration: DDR）である．

　DDRは，紛争後の国家における復興と平和構築の促進を目的に，国連，国際機関または国家が主体となって行う国際平和活動で，紛争後の国家において，その復興およびその後の経済開発が円滑に進むかどうかを図るうえで，重要な役割を担っている．治安の回復は不可欠であり，紛争当事者であった兵士の武装・動員を解除し，社会に復帰させて初めてDDRは成功となる．

　DDRの重要性に鑑み，国連は2007年9月，DDRやSSRの専任部門として，法の支配・保安機構事務所（Office of Rule of Law and Security Institutions: OROLSI）を新設し，いっそう力を入れている．

　国連は他にも，インドネシアのアチェ州，アフガニスタン，中央アフリカ，コンゴ共和国，ニジェール，ソマリア，ウガンダ等の国々において国連以外の主体によるDDR実施の支援を行っている．日本も2002年4月，スイスのジュネーヴで開かれたG8による「アフガニスタン治安支援国会合」以降，アフガニスタンのDDRの実施を受け持つリード国（主導国）となり，2003年から現地の国連支援ミッション（国連アフガニスタン支援ミッション）の協力のもと，2003年10月から2006年6月末の約3年間で6万人の武装解除に成功，約3年という短期間で成功したことから国際的に高い評価を受けた．

　最も重要と考えられる紛争当事者の社会復帰に関しても日本は貢献している．2004年4月から08年3月の間，このDDRのフォローアップとして，アフガニスタン労働社会省による除隊兵士を対象とした訓練実施の協力要請を受け，国際

協力機構(JICA)が「除隊兵士の社会復帰のための基礎訓練プロジェクト」を実施した．①指導員訓練の実施体制の確立，②除隊兵士の職業訓練の適切な実施運営管理の実現，③アフガニスタン労働社会省の職業訓練事業実施運営管理能力の育成に成功，アフガニスタンの復興・開発に貢献した．

　冷戦期から冷戦後の現在に至る数十年間に，世界中で民族自決を求める紛争が発生し，虐殺や難民の増大を前に，日本を含む世界各国，国連，国際機関が紛争の解決のために努力を重ねてきた．暴力的紛争後の平和構築に向けて試みられた紛争解決策は，これまでみてきた SSR, DDR 以外に，民族紛争の和平交渉とその事後処理に関して，様々な取り組みがなされてきた．経済問題の処理，人権・マイノリティの権利の保障，マスメディアの整備など多岐にわたる(第13章)．

2　パワーシェアリング(権力分有)

(1)　複合型パワーシェアリング

　近年注目されている紛争解決に関わる動きに，米国のカーネギー財団の支援のもと，英国のケンブリッジ大学国際問題研究センター，同大ラウターパクト国際法研究センター，欧州マイノリティ問題研究センター(ECMI)が，民族問題解決のために立ち上げた「ケンブリッジ・カーネギープロジェクト(The Cambridge Carnegie Project on Resolving Self-Determination Disputes Using Complex Power-Sharing)」がある．

　紛争後の平和構築では，政治制度において大きく分けて，比例代表制を導入して多極共存型の体制を目指すか，福祉や教育制度など内的制度を整備して統合化政策を推進するかのどちらかの方法がとられてきた．比例代表制とは，政党が得票率に応じて議席配分を受けるもので，民意が反映されるやり方と考えられている．統合化政策とは，統合が意味するように，マイノリティを社会に同化させていくやり方である．しかし，最近の民族紛争の解決策は，個別の事例による状況の相違を反映させなければならず，非常に複雑なものとなっている．

　ケンブリッジ・カーネギープロジェクトが提唱しているのは，複合型パワーシェアリング(complex power-sharing: CPS)と呼ばれる民族自決問題を解決するための手法で，これまで主流となっていた多極共存型パワーシェアリングと統合主義型パワーシェアリングの2つのアプローチを合体させ，多民族国家において，

表7 民主主義の4つの類型

	均質的 (homogeneous)	多分子的 (heterogeneous)
論争的(contradictive)	①求心型民主主義	②遠心型民主主義
合議的(coalitional)	③連合型民主主義	④多極共存型民主主義

＊レイプハルトの議論を参考に筆者作成．

すべての主要なエスニック集団の欲求を満たすための諸慣行や諸制度に注目し，これまでにないほど広範囲にわたる争点を取り上げ，解決法を模索するところに特徴がある（石川 2009）．

多極共存型パワーシェアリングアプローチとは，政治学者アレンド・レイプハルトを代表的論者とする手法で，多数派支配を回避する制度と政治文化および社会条件の模索に重点をおく．レイプハルトは民主主義について，①均質な国民文化の中での政治的競争性がみられる場合を「求心型民主主義(centripetal democracy)」，②多文化環境，システムの崩壊の脅威にある中で政治的競争性がみられる場合を「遠心型民主主義(centrifugal democracy)」，③均質な国民文化の中で政治的調整がみられる場合を「連合型民主主義(cartel democracy)」，④多文化環境，システムの崩壊の脅威にある中で政治的調整がみられる場合を「多極共存型民主主義(consociational democracy)」と4つのタイプに分類したが，多極共存型パワーシェアリングとは，つまるところ分断化された文化のうえの民主主義を，安定した民主主義に変えるようにデザインされたエリートカルテルによる政府を意味する．

他方，統合主義型パワーシェアリングアプローチとは，デューク大政治学教授ドナルド・L.ホロウィッツを代表的論者とする手法で，基本的に社会改革主義をとり，労働組合，市民団体など集団間を横断する絆の構築に努め，国民的アイデンティティの形成に尽力する．また，人種や民族にエスニックな主張は法によって取り締まり，特定集団の利益を代弁するアイデンティティ・ポリティックスを抑え込むことに力を注ぐ．それによって利害を超える全国型のナショナルユニティを追求する普遍主義政党を生み出し，資源の公正な分配によってエスニック集団の帰属アイデンティティを消滅させる．

ただし，この統合主義アプローチの問題は，暴力的な民族紛争後の平和構築の過程では，こうした交差横断的な亀裂解消策がうまく機能しないことであろう．

平等と非差別を唱える自由主義的原理や個人権のみを尊重することから基本的に多数決主義になっているために，エスニックなアイデンティティは，逆にこうした姿勢に対し，対抗的に自治・自決の要求を強めていくからである．

(2) 自治権付与

CPSでは，経済問題の処理，軍民関係，人権，マイノリティの権利など様々な構造的問題の処理をし，しかもそれを様々な統治のレベルで行うものと捉えている．すべての政治主体（アクター）の重要性を主張し，エリートであろうとそうでなかろうと，そのガバナンスの中に組み込む．それこそが自決問題を解決するための成功の鍵と位置づける．そこでは，既存の内発的な伝統的多極共存論を発展させ，現代におけるパワーシェアリングの多層的複合性（multi-level complexity）を実践できる，とされている．

具体的には，カーネギープロジェクトは，北アイルランド，ボスニア・ヘルツェゴヴィナ，コソヴォ，マケドニア，ガガウジア/モルドヴァ，南オセチア/グルジア，ブーゲンビル/パプア・ニューギニア，およびミンダナオ/フィリピンの8ヵ国を分析し，それぞれの国の異なった状況で，CPSの手法はどの程度和平に貢献したのかを論じている．

では本当に，敵対する周辺民族（エスニック）集団に政治参加の場を与えて国家内ガバナンスの構成単位に組み入れ，正当な手続きに基づいてコントロールすることはできるのだろうか．実際，民族自決の闘争が戦争の中でも最も長期戦かつ破壊的なものとなる．世界銀行によれば，国際紛争はほとんどが6ヵ月以内に終結しているのに対し，内戦は平均でも約7年の長期に及んでいる（世銀「Breaking the Conflict Trap: Civil War and Development Policy」2003）．分離という目的が成し遂げられなければ，数十年，中には半世紀にわたって争う場合もある．武装した分離独立派と分離独立を阻止しようとする中央政府との間では構造的非対称性があるために，しばしば，分離独立派はテロのような形態に訴える場合がある．この場合，深刻な政情不安にある国を崩壊へと導く可能性がある．

そこでケンブリッジ・カーネギープロジェクトが提唱しているのは，暴力の放棄と引き換えに自治を与えるという政策で，独立の代わりに自治権を与えて分離主義者を国内に留めておくとするものである．最も古典的なケースとして，フィンランドにおけるオーランド諸島の例がある．

第 12 章　平和構築と権力分有（パワーシェアリング）

　バルト海に浮かぶオーランド諸島は，地理的近接さもあって古来からフィンランドにその領有が認められていたが，その住民のほとんどはスウェーデン系であった．ロシアに占領されていたフィンランド本土で 1917 年，議会が独立を宣言すると，オーランドにおいてスウェーデンへの再帰属を求める運動が起こるが，1922 年にフィンランドはオーランドに対し広範な自治権を付与するオーランド自治法を成立させた．以後オーランドは，フィンランド政府によって，独自の行政・財政・立法権限を認められているが，住民投票ではフィンランドに帰属している現状を望む人が半数を越える．スウェーデンに復帰すれば 1 つの県にすぎないが，フィンランドのもとでは大幅な住民自治が認められ，十分な自由が担保されているからだと考えられる．また，スウェーデン，フィンランド両国ともにシェンゲン協定に加盟していることもあって，事実上自由に往来ができる．こういった側面も，住民が現状維持を最適であると考える材料なのであろう．

　他にはイタリアの南チロル地方，フランスのコルシカ島，スペインのバスク地方，英国のスコットランドとウェールズ，カナダのケベック州等，様々な例が挙げられる．カナダは Clarity Act で，国民投票で離脱を望む場合，それを認めている．英国も，スコットランドとウェールズにおける民意の総意を尊重することが不文律となっている．すなわち憲法上に規定される民族自決策で将来の分離独立を認めるやり方である．ほかには，エチオピアでも同国憲法において，すべての民族が民族自決の無条件の権利を有すると規定している．リヒテンシュタインでも，各自治体が公国からの離脱を望む場合，その権利を行使できると定められている．これらはすべて人民の意思を尊重するというやり方で，独立への機運をいったん落ち着かせて，双方に冷静に将来を考えさせることが何よりも重要になる．

　ただし，暴力の停止とトレードオフで自治権を付与する場合には問題が残る．分離主義者に特別な地位を与えるために権力を握った者が恣意的な統治を行う可能性があるからである．ユーゴスラヴィア，ソ連での民族自決の例を考えるといい．中央政府が再統合化について注意を払わなくなってしまったことにより，自治区の人権状況はさらに悪化した．フィリピン，モルドヴァ，グルジア共和国などの紛争も，このカテゴリーに分類される．

　このプロジェクトを率いるマーク・ウェラーらは，こういった状況下においても，CPS は，水平的かつ垂直的両方の面で公的権威の多くの層があるところで

の1つの解決策になると目されると述べる．マイノリティに参政権や拒否権など諸権利を与えたり，経済資源を転移させることも認める(Weller & Metzger 2008)．そして，自治権獲得闘争時や紛争後に国際社会からの介入も重要視する．政府および行政機構に各地方からの代表性を確保すること，民族集団それぞれの利益に偏った権力構成を排除することなども重要になる．

(3) 外国の援助

地域の代表性が確保され，国際社会が契約履行を見守るのであれば，たとえ中央政府が依然としてパワーを保持しているとしてもゼロかすべてか(all or nothing)，あるいはゼロ・サムゲームといったことにはならないと考えられる．アチェ，ブーゲンビル，スーダン等，双方に有効な指し手がない行き詰まりの状態で，当事者がそれを認識したうえで，外国の援助(仲介)によって双方が同意に至ったことがその例である．

その中でも，海外からの介入の例で代表的成功例となったのが，北アイルランドでなされた聖金曜日協定(Good Friday Agreement)である．聖金曜日協定とは，1998年4月10日に英国とアイルランド間で復活祭の前々日，聖金曜日に結ばれた和平合意のことで，別名をベルファスト合意(Belfast Agreement)と呼ぶ．同協定の締結後，アイルランド共和国は国民投票により北アイルランド6州の領有権を放棄することになった．

ボスニア・ヘルツェゴヴィナでもCPSは大いに活躍の場を得ることとなった．分離独立派の勢いは強く，ボスニア・ヘルツェゴヴィナ紛争後，多くの識者は，ボスニア・ヘルツェゴヴィナは崩壊すると予測した．デイトン合意によってボスニア・ヘルツェゴヴィナは，ボシュニャク人(ムスリム人)とクロアチア人主体のボスニア・ヘルツェゴヴィナ連邦と，セルビア人主体のスルプスカ共和国(セルビア人共和国)という2つの構成体から成る連合国家となった．行政面を上級代表事務所(Office of the High Representative: OHR)が，軍事・治安面をNATO中心の多国籍部隊・平和安定化部隊が担当し，停戦の監視と和平の履行を進めた．当初，1999年のコソヴォ問題でのランブイエ合意は，3年後の独立について話し合うというものだった．現在，同国におけるパワーシェアリングは，さらに進化を遂げている．コソヴォは2014年4月現在，100ヵ国以上の国家承認を受けているが，セルビア共和国と安保理事国のロシアの承認を受けておらず，国連加盟

表8 和平過程の諸課題

国際社会の介入	非軍事化	自決権の承認	人権・メディア支援
軍事介入	民兵の動員解除	憲法改正	人権擁護
国連治安維持軍による治安維持	民兵の武装解除	分離独立権承認	人権教育の強化
休戦監視	民兵組織の解体	主権の共同管理	民主主義教育
選挙監視	民兵の再教育	司法改革	政府から独立したメディアの設立
人権監視	軍隊・警察機構改革	官僚機構改革	代替メディアの創設
難民救済	武器回収と有効な管理	警察機構改革	メディア・ジャーナリズムの教育
経済支援	非常事態法の解除	難民帰還	インターネット普及支援
ガバナンス強化	恩赦	選挙制度改革	情報インフラ整備
外部専門家のアドバイス	真実・和解委員会設置	比例代表制の導入	
		経済資源の分配	
		人権委員会の設置	

＊筆者作成.

を果たしていない．それでも，独自軍の創設を果たすなど，自治権を拡大することに成功している．

(4) CPSの可能性

ケンブリッジ・カーネギープロジェクトが貢献した点は，冷戦後の民族自決の諸事例を対象に，停戦から和平交渉，平和構築への合意形成，その制度化と維持までを一体的に取り上げ，民族自決を求める紛争への解決方法として，逆説的であるが国内での自決権・自治権付与が一定の効果を上げることを提示したところにある．そしてそこでの国際機関や近隣諸国などの第三者の介入が果たす役割の大きさについて注意喚起したことは注目に値しよう(石川 2009).

統合主義型パワーシェアリングは，集団的アイデンティティを消し去ることで国民国家化によって内戦の回避を探ってきたのだが，これまでの研究成果を通じて見えてきたのは極化の進行であり，分離要求の激化であった．CPSは多極共存型パワーシェアリングと統合主義型パワーシェアリングを折衷し昇華させていくプロセスといっても良いだろう．

他方で，自治権付与が果たして本当に紛争を鎮圧する手法になるのかについてさらに検討する必要があるだろう．ウイグル自治区やチベットの問題ついて言えば，第8章図8のモデルでは，両地域は武装化しておらず，他方中国にとって戦略的に重要であるため，分離独立は難しいと考えられる．だが，CPSは安定した効果的なガバナンスのみならず，それまで暴力に傾倒していた人々の間での信

頼醸成を生み出していく可能性を持つため，そのように手段が限られたところでもこのメカニズムを約束することで民族自決問題を解決する場合があるかもしれない．

　また，CPS の有効性がより確認されれば，民族紛争のみならず，宗教戦争や，現在シリアで進行中の独裁体制打倒運動についても，有効性を発揮するだろう．交差横断的な亀裂解消策がうまく機能すれば，平等と非差別を唱える反体制・新興勢力側と，体制・保守勢力間におけるパワー・バランスの再構築においても力を発揮するかもしれない．

理解を深めるための読書案内
ガルトゥング，ヨハン『構造的暴力と平和』高柳先男ほか訳(中央大学現代政治学双書，中央大学出版部，1991年).
チョムスキー，ノーム『中東 虚構の和平』中野真紀子訳(講談社，2004年).
レイプハルト，アレンド『民主主義対民主主義——多数決型とコンセンサス型の36ヵ国比較研究』粕谷祐子・菊池啓一訳(勁草書房，2014年).
レイプハルト，アレンド『多元社会のデモクラシー』内山秀夫訳(三一書房，1979年).

第13章

人間の安全保障

Keywords 人間の安全保障　人間開発指数（HDI）　教育　潜在能力アプローチ　国連開発計画(UNDP)　貧困削減戦略ペーパー(PRSP)　ミレニアム開発目標　グローバル正義論

1　人間の安全保障

(1) アマルティア・センの開発論

　国家の安全保障は何よりも国家を安泰な強固なものに保つことに重点をおいて，富の蓄積，GNP，その他の所得に関連する変数の成長に関心を持つ．しかし，人間の安全保障は，人間の生存，生活，尊厳を脅かすあらゆる種類の脅威を減らし，可能であればそれらを排除することを目的としている．この考え方は，国家の安全保障の概念とは対照的である．

　「開発の正しい概念は，経済成長の重要性を無視することなく，しかしそれを超える視線が必要である」と論じ，これまでとは違った見方を示したのがアマルティア・センである．センはインド出身の経済学者で，9歳の時に，200万人を超える餓死者を出した1943年のベンガル大飢饉に衝撃を受け，経済学者となる決心をしたといわれている．98年にアジア人としてはじめてノーベル経済学賞を受賞，ケンブリッジ大学トリニティ・カレッジの学長であり，ハーバード大学経済学教授および哲学教授でもある．マサチューセッツ工科大学(MIT)，オックスフォード，ロンドン・スクール・オブ・エコノミクス(LSE)などの大学で教鞭を執り，米国経済学会，国際経済学会において会長，OXFAMの名誉会長なども務め，経済学のみならず，哲学，政治学，倫理学，社会学にも影響を与えている．

　センによれば，国が貧しければ自由が制限され，人々は不自由な状態にある．だから，貧しい国の開発では不自由を取り除く，つまり，人々の自由を1つずつ拡大して自由を獲得していくことが大切になってくる．このようなセンの開発論

からすれば，GDPを中心とした開発論とは，経済的な自由に限定した話だということになる．GDPが高まっても本当に人々が幸せかどうか，人々が豊か(welfareとかwell-being)になったかどうかは，経済的な自由度だけでは判断できない．

そこでセンは，潜在能力(capability)アプローチを提唱する．潜在能力とは「人が良い生活や良い人生を生きるために，自ら価値を認める生き方をすることができる自由」としている．

経済学は数字だけを扱うのではなく，弱い立場の人々の悲しみや怒りに寄り添うことができなければ経済学ではないとセンは主張し，「良い栄養状態にあること」「健康な状態を保つこと」「幸せであること」「自分を誇りに思うこと」「教育を受ける喜びを感じること」「社会生活に参加できること」など，開発と相互に関連する本質的な自由が一体となって拡大していくことだと論じて，それまでの経済学や開発，そして正義に関する考えを一新した．なお，「子供の健やかな成長を願うこと」「愛する人のそばにいられること」等も潜在能力の機能に含めることができる．

こうしたセンのアプローチは，それまでの正義論の枠組みに一石を投じたという意味でも画期的であった．すなわち，正しいことは為すべきことに先行するという，いわゆる義務論を提唱したジョン・ロールズの正義論や，美徳に応じた分配を目指すマイケル・J.サンデルの正義論に対し，センの正義論は，用いることができる能力の幅を広げることを目指す．その意味で開発とは人々が享受する様々な本質的自由を増大させるプロセスであると見ることができる．

(2) 教育の効用

センは，開発の目的は，不自由の主要な原因を取り除くことであるとして教育こそが，経済成長が達成されるために経済改革に先行しなければならないとしている．そして弱い立場の人々が潜在能力を生かし社会参加することを主張した．では，なぜ基礎教育が重要なのだろうか．

最も基本的な問題は，識字力や計算能力がないことそれ自体が一種の不安であるという根本的な事実と関わっている(第9章)．読み書きや計算，あるいは意思伝達ができないことは，厳密な仕様に沿った品質管理と生産が要求される現代社会では，極めて深刻なハンディキャップとなる．読み書きができなければ，法的

権利を理解し，それを行使する能力は著しく制限される．困窮状態の最たるものは，生きるのに必要なものが欠乏しているうえに，その運命を回避する機会がないことである．基礎教育を普及させ，その効力を拡大すれば，政治的発言力を高めることができ，人々の命に迫る危険に対して強力な予防効果を発揮することができる．

　学校教育を充実させることが何よりも直接的に役立つのは，こうした根本的な欠乏状態をじかに改善できるからである．近年の研究では，女性のエンパワーメント（必要なものを入手し利用できる法的・社会的・経済的パワーを含む能力や資格を備えること）が進むにつれて乳幼児の死亡率が急激に減るということもわかっている．女性の教育と識字率の向上が，過重な出産を減らす一般的傾向があることも明らかになっている．識字率はエンパワーメントの基本要素なのである．人間の生活の安全を保障するうえで基礎教育が果たす役割を重視すれば，教育を人権の1つとみなすことの意味も見出せよう．

(3)「人間の安全保障」論

　潜在能力アプローチを発展させたものが，国連開発計画（UNDP）の人間開発指数（Human Development Index: HDI）である．HDIは，平均寿命，識字率，国民所得（1人当たりGDP）の3つの指標からなっているが，もともとパキスタンの経済学者マブーブル・ハクが提唱した「人間的発展」を基礎にセンが中心になって開発したものである．HDIは1993年から国連年次報告「人間開発報告書」の中で国連開発計画によって毎年発表されているが，1994年のUNDPの報告書では，「人間の安全保障」について，教育・医療・食糧・水等，ベーシック・ヒューマン・ニーズ（Basic Human Needs: BHN）に沿って，人・個人を主体とする安全保障が重視されるべきであるとし，貧困，飢餓，失業，病気，社会崩壊，差別，抑圧，人権侵害，疎外，環境破壊，犯罪，性暴力，麻薬等，様々な要素を挙げて，様々な主体の「国境を越えたすべての協力」が必要だとした．

　UNDPが「人間の安全保障」という言葉を使った背景には，冷戦終結後，1990年代に入って，アフリカを中心に地域紛争や難民問題が拡大する中，国益ではなく人々の現実の要求に沿った支援をすべきだとの声が高まったことにある．それまで貧困削減は，1960年代のトリックル・ダウン仮説に代表されるように経済成長に伴う工業化が解決の鍵を握ると考えられていた．1970年代には，ア

ジアの発展プロセスから農村開発の重要性が主張され，同分野を支援する援助が盛んになった．1980年代以降は政府が積極的に介入するかたちで実施された開発政策の行き詰まりに伴い，市場メカニズムを通じた経済発展とそれを通じた貧困削減が提唱された．価格規制の撤廃，関税引き下げ，貿易の自由化，税制のフラット化，財政支出の削減，公的年金や医療保険の民営化，国営企業の民営化，最低賃金の撤廃や組合交渉の違法化など労働規制の緩和，外資規制の緩和，金融取引の自由化などの市場原理主義政策が次々と推進された．開発援助も，市場を効率的に機能させるための改革支援が構造調整というかたちで実施された．ところがメキシコや中南米諸国でミルトン・フリードマンのマネタリズムを教科書通りに実践した多くの国が破綻し，貧困層が拡大すると，構造調整計画の履行を融資条件とする援助アプローチに疑問が呈された(第5章)．

これを皮切りとして1990年代半ば以降，国連を中心に次々と貧困削減に着目した報告書や国際会議などが打ち出され，未だに深刻な貧困問題が強く認識されることとなった．1998年5月には，オスロで「人間の安全保障についての閣僚会合」があり，1999年の主要8ヵ国(G8)首脳会議(ケルン・サミット)では，国際テロ，対人地雷，小火器などの拡散防止に加えて，民主主義や人権，法の支配，人間開発が重要な問題だと言及された．こういった動きがグローバル化の負の側面としての貧困拡大への懸念，貧困削減に熱心なNGO等のアドボカシー活動の活発化を受けて加速した．

(4) 開発と平和

一方，実務面を担ってきたIMF・世界銀行からも，1980年代に創設した開発途上国の市場経済的な制度・政策の改革および成長の回復・増進を目的とする構造調整貸付(Structural Adjustment Loan: SAL)プログラムを見直し，2000年初め，後述する貧困削減戦略プログラムを新設するという動きがみられた．SALプログラムでは，援助供与の事前の条件として改革を迫る「コンディショナリティ(conditionality)」が途上国に押し付けられ，それが途上国の主体性を奪ったことが失敗の原因だとされた(石川 2003)．

見直しには，世界銀行のエコノミストで上級副総裁でもあったジョセフ・スティグリッツによる「新開発戦略(New Development Strategy: NDS)」が提起されたことが大きかった．1998年，ジュネーヴの国連貿易開発会議(UNCTAD)の

プレビッシュ・レクチャーでスティグリッツは，「開発」とは，伝統的な社会関係，思考様式，生産方法，行政管理など社会生活全般にわたって近代的方法へ移行する社会の「変革(transformation)」であると主張し，近代化とは，死亡率の低下や，寿命の延長に資する社会の実現であり，貧困を削減し，健康や教育を改善していくことであると論じた(Stiglitz 1998)．

スティグリッツは，途上国経済・社会を，以下の問題に直面しているとして，その対策を考えることが先決であるとしている．

第1に，古典派経済理論では価格が経済の必要とするすべての調整を保証するが，そのためにはフルセットの市場が備わっていなければならない．しかし，それは途上国においては明らかに満たされない仮定である．途上国経済は，概ね資源不足で特徴づけられるが，順序づけを考慮することが重要となる．民営化の前に競争と制御のフレームワークを考える必要があり，資本や金融セクターの自由化を許可する前に金融に関する法制度を整備することが求められる．

第2に，途上国の経済管理は，自由化，民営化およびマクロ安定に主な関心を注いでいる古典的経済運営手法よりも包括的でなければならないということである．開発戦略は経済技術的改革に止まるものでなく，すべての構成員に対する社会変革へのアプローチである．その意味で，社会のすべての構成員——民間セクター，公共セクター，コミュニティ，家族，個人——の問題に答えるものでなければならない．

この途上国経済の認識は，世銀の開発援助政策の基底にある開発経済学の歴史の中では全く新しいパラダイムを主張するものであった．1999年には，続けて世銀のジェームズ・ウォルフェンソン総裁により「包括的開発の枠組み(Comprehensive Development Framework: CDF)」が提唱され，オーナーシップ，パートナーシップ，モニタリングなどの評価，透明性，説明責任を重視した長期にわたる包括的なアプローチが提唱され，包括的貧困削減アプローチが加速することとなった．

2001年1月には，「人間の安全保障委員会」が，日本政府とアナン国連事務総長のイニシアティヴにより緒方貞子前国連難民高等弁務官とセンを共同議長として創設された．同委員会は，2003年2月に最終会合を開催し，5月に報告書をニューヨークでアナン事務総長に提出した．

報告書に掲載されている主な提言は，①紛争の危険からの人々の保護，②武器

拡散からの人々の保護，③移動する人々の安全保障の推進，④戦争から平和への移行期のための基金の創設，⑤極貧者に裨益するような公正な貿易と市場の強化，⑥最低限の生活水準の保障，⑦基礎保健サービスの普及，⑧効率的かつ公平な特許制度の創設，⑨基礎教育の拡充，⑩グローバルなアイデンティティの促進，であった．

このように「人間の安全保障」概念の最も意義深い点は，人間の生活に「開発」と「平和・安全保障」の両面を加え，環境保全・テロ対策・人権の擁護・武器の国際的管理等の国際的課題や国境を越える脅威に至るまで，あらゆる問題を連関させたところにある．

だが，「人間の安全保障」は，通常の開発過程の概念を広げたものであり，「平和構築」よりもさらに広い分野を対象とするため，あいまいに過ぎるとの批判を浴びた．しかし，人間の安全保障論の「規範的アプローチ」が，中・長期的な目標設定やドナー間の政策協調の枠組みとして重要な役割を果たしてきたことは確かである．冷戦終了やドナー側の緊縮財政を受けて減少する援助資金のより良い使い方を模索したり，透明性やアカウンタビリティを高めたりしたことは評価できる．また，伝統的なマクロ経済を重視した経済成長路線から貧困削減に重点をシフトし，CDFを提示してドナー間の役割分担を明確化していくといった援助アプローチの見直しにも貢献したといえよう．

●コラム　平和・戦争を包括的に知る様々なデータと指標

ファンド・フォー・ピースは，http://global.fundforpeace.org/ で脆弱国家指数（FSI）を（第9章），Vision of Humanity は，http://www.visionofhumanity.org/ で包括的平和指数（GPI）を発表している．GPIは，人命にかかわる指数（殺人犯罪率からテロ発生率まで）や大量殺害兵器保持数，対外戦争数，政治的自由度，GDPに占める教育費の割合等を考慮して包括的平和指数として近年平和研究に用いられている．平和研究で世界的拠点であるスウェーデン・ウプサラ大学は，http://www.pcr.uu.se/ で戦争に関するデータを公開している．フリーダムハウスは，http://www.freedomhouse.org/ でフリーダムハウス指数を毎年発表し民主主義の進展を分析・認定している（第6章）．国境なき記者団は，http://en.rsf.org/ で報道の自由度ランキングを毎年発表している．

各国経済の基礎的なデータでは，世界銀行の http://data.worldbank.org/ が最も包括的にカバーしている．国連開発計画(UNDP)では，http://hdr.undp.org/en/statistics/hdi で人間開発指数(HDI)を毎年計測して発表している．各国政治・社会・地理の基礎的なデータでは，CIA ファクトブック https://www.cia.gov/library/publications/the-world-factbook が最も有用である．

2 貧困削減への取組み

(1) 貧困削減戦略ペーパー

その中でもこれらの問題関心を具現化するものとして，「貧困削減戦略ペーパー(Poverty Reduction Strategy Paper: PRSP)」は注目に値する．1999 年 9 月の IMF・世銀総会において採択された PRSP は，前述したケルン・サミットでの貧困削減と債務削減に関する議論を踏まえ，重債務貧困国(Heavily Indebted Poverty Countries: HIPCs)に対する債務救済および譲許的融資供与の条件として作成が要請されたもので，参加型プロセスを通じて途上国自身が作成する，貧困削減を具体的に実現させるための包括的・長期的な戦略・政策である．

PRSP には，5 つの柱がある．①途上国政府主導の下に，市民社会やドナーなどの関係者が参加して作成する経済・行政・社会政策であり，②貧困削減を開発の究極的な目標とし，③そのうえで，貧困の多面性を把握して包括的で，④政府・国内ステークホルダー・海外ドナーなど多様な開発アクターが参加し，⑤長期的な視野に立つ，というものである．

PRSP は，1990 年から 2015 年までの間に，①極端な貧困の下で生活している人々の割合を半分に削減する，②すべての国において初等教育を普及させる，③乳児と 5 歳未満の幼児の死亡率を 3 分の 1 に削減する，④妊産婦の死亡率を 4 分の 1 に削減する，と国連で定められたミレニアム開発目標(Millennium Development Goals: MDGs)を達成するための不可欠な支援策となっており，発展途上国の開発政策になくてはならないものとなっている．2014 年 1 月末現在，126 ヵ国で最終版 PRSP が策定され，また，暫定版については 59 ヵ国で策定されている．

(2) 貧困削減戦略とグローバル正義論

これまでみてきたように，近年までの援助といえば，IMF・世銀を中心とする，

いわゆるワシントンコンセンサス（第5章）と呼ばれる，新古典派的1国全体の経済成長とそれを通じた貧困削減を重視する議論が中心であった．最近では，このように国連を中心とする社会開発やBHNを重視する開発論が主流となりつつある．

　国連機関とIMF・世銀のアプローチを比較すると，国連機関は，「人間の安全保障」や「MDGs」という言葉を使って達成すべき目標を設定する「規範的アプローチ」をとっており，それに対しIMF・世銀の主導するPRSPの枠組みは，各ドナーと途上国側の関係主体間の政策協調と役割分担を機能的に進めようとする「実務的アプローチ」をとっている．しかし，両者の境界線は良い意味で浸食されており，良い具合に補完関係にあると言っていい．

　ただ，貧困削減を開発の究極的な目標とする機運自体は変わっていない．最近では貧困の状態として「発言力・権力の欠如（voicelessness, powerlessness）」およびリスクに対する「脆弱性（vulnerability）」という側面に注目が集まっており，これらに対処する方法として，①機会（opportunity），②安全保障（security），および③エンパワーメント（empowerment）が必要であるとされているが，これはセンの議論を強化したものと理解できる．

　また，BHNやHDIに加え，特に「貧困者の声（voice of the poor）」つまり，貧困削減戦略の各段階における主体としての貧困者の役割が注目されており，「成長の源泉」や「貧困削減に資する経済成長（pro-poor growth）」の重要性が再認識されている．それには，PRSPと同様，貧困者の関与が何よりも重要とされる．また，経済成長の余波として水資源などの環境問題や伝染病，地球規模で拡大する問題への対策も貧困削減の一環として見直されている．

　もう1つ，グローバル正義論という政治哲学からも地球規模での不正義是正に対してアプローチがなされていることも知っておきたい．

　グローバル正義論とは，ロールズなどの正義論の構想をグローバル世界における富の分配という領域に応用し，先進国の途上国支援義務などについて論じるもので積極的義務論と消極的義務論という2つの立場がある．積極的義務論とは，プリンストン大倫理学教授ピーター・シンガーやマンチェスター大名誉教授ヒレル・スタイナーによって示される立場で，シンガーは，自らがリスクを背負いこむことのない範囲で援助を実施しなければならないという言葉に代表されるように食料や医薬品不足などによる途上国の死を悪と捉え，先進国の積極的な義務を

強調する．スタイナーも，天然資源に対する平等な権利を主張し，援助のためのグローバル基金の創設を提唱する．

他方，消極的義務論とは，イェール大政治哲学教授トーマス・ポッゲに代表される議論であり，途上国支援義務を先進国がこれまでなしてきた加害行為に応じたものに限定するべきだとする考えである．しかし他方で，ポッゲ自身も先進国の市民がさほどの犠牲を払わずに果たすことができる義務なら果たすべきだと考えており，先進国の GDP の 1% を貧困国に分配する「グローバル援助基金」を提唱している．この基金が義務化されるだけで，年間 3200 億ドル以上の資金が利用可能となり，通常援助額の約 86 倍に達するという．

(3) NGO の活動

NGO の活動も様々な手法で，より良い世界の実現のために地球規模で取り組まれている．例を挙げればきりがないが，いくつかの団体を紹介しておこう．ジュネーヴ条約で特殊な法人格と権限を与えられた赤十字は 1863 年に発足した．紛争や災害時における傷病者への救護，戦争捕虜に対する人道的救護，国際人道法の普及を活動の軸としており，赤新月（イスラム教），ダヴィデの赤盾（ユダヤ教）など世界 187 ヵ国で活動している世界最大の国際援助組織である．

国境なき医師団（Médecins Sans Frontières）は，1968 年から 1970 年にかけて赤十字の医療支援活動のためにナイジェリア内戦中のビアフラに派遣されたフランス人医師たちを中心に設立された．ビアフラでの活動から戻った彼らは，各国政府の中立的態度や沈黙を守る赤十字の活動に限界を感じ，人道援助およびメディアや政府に対して議論の喚起を行う組織をつくる必要があると考え，1971 年「国境なき医師団」を創設した．国境なき医師団は貧困地域や第三世界，紛争地域を中心に，年間約 4700 人の医療スタッフが世界各地 70 ヵ国以上で活動している．災害や紛争に際し，どこよりも早く現地入りする緊急医療援助を行っているほか，マラリアのような地域特有の疾病の撲滅にも力を入れている．同団体は 1999 年にノーベル平和賞を授与されている．

なお，医療系 NGO で有名なものに世界の医療団（Médecins du Monde）があるが，これも国境なき医師団の創設者の 1 人フランス人医師ベルナール・クシュネルによって 1980 年に創設された．クシュネルは国連職員を経て，母国フランスで保健大臣（1992-93 年），外務大臣（2007-10 年）として活躍した．

フランスを発祥とする団体では，国境なき記者団(Reporters Sans Frontières)という団体もある．国境なき記者団は，フランスのジャーナリストによって1985年に創設された団体で言論の自由や報道の自由の擁護を目的に活動しており，同団体が毎年出している報道の自由度ランキング(Worldwide Press Freedom Index)は有名である．

　人権保護で世界的に知名度があるのはヒューマン・ライツ・ウォッチ(HRW)であろう．前身はヘルシンキ・ウォッチの名前で1978年に設立され，ソ連のヘルシンキ宣言への違反を監視した．ヘルシンキ・ウォッチは組織の拡大につれ他の「監視委員会」を発足させ，世界の他の地域をカバーしていった．1988年にすべての委員会が統合されヒューマン・ライツ・ウォッチに改称した．人権侵害に国際社会の注目を惹きつけることで，当事者である国家や国際組織などがさらなる人権侵害を控えるように圧力をかけている．また，戦争法や国際人道法の侵害に対する調査・報告も専門としている．民主化や国家の破綻など，焦点の当て方は違うが同じような任務に従事しているフリーダムハウスやファンド・フォー・ピースなどの団体もある(第6章・本章コラム)．

　英国を拠点とするオックスファム(OXFAM)は，1942年，ナチスによる攻撃で窮地に陥っていたギリシア市民に，オックスフォード大関係者など市民5名が食料や古着を送ったことが始まりとされる．第2次世界大戦後のヨーロッパの戦後復興，植民地独立への難民支援，自然災害に対する緊急支援などを行い，その支援活動の歴史を刻んできた．

　プラン(Plan)も，1937年スペイン内戦時，戦災孤児の保護施設をつくったことがその始まりである．現在，プランは英国に本拠をおき「子供とともに地域開発を進める国際NGO」として，地域の大人だけでなく子供の視点や意見を中心にしながら活動を展開している．創設以来，アフリカ，アジア，中南米を中心に9万以上のコミュニティで7800万人の子供たちの成長に携わったとされる．

　ワールド・ビジョン(World Vision)は，キリスト教精神に基づいて開発援助，緊急人道支援，市民社会や政府へ働きかけるアドボカシー活動を行う国際NGOで子供たちとその家族，そして彼らが暮らす地域社会とともに，貧困と不公正を克服する活動を行っている．またチャイルドスポンサーといって，一定の寄付をすると支援している子供の写真が定期的に送られてくるようになっており，自らの寄付が実質的に子供たちの生活に貢献していることがわかる仕組みとなって

いる．

　なお，我が国にも，難民支援から人権教育まで様々なNGOがあり，国際協力に携わっている団体だけで400以上あるといわれている．近年その活動はいっそう注目されている．

理解を深めるための読書案内

井上達夫『世界正義論』(筑摩選書，2012年)．
押村高『国際正義の論理』(講談社現代新書，2008年)．
カルドー，メアリー『「人間の安全保障」論——グローバル化と介入に関する考察』山本武彦ほか訳(法政大学出版局，2011年)．
サックス，ジェフリー『貧困の終焉——2025年までに世界を変える』鈴木主税・野中邦子訳(早川書房，2006年)．
サンデル，マイケル・J.『これからの「正義」の話をしよう——今を生き延びるための哲学』鬼澤忍訳(早川書房，2011年)．
サンデル，マイケル・J.『リベラリズムと正義の限界』菊池理夫訳(勁草書房，2009年，三嶺書房，1999年)．
シンガー，ピーター『グローバリゼーションの倫理学』山内友三郎・樫則章監訳(昭和堂，2005年)．
セン，アマルティア『人間の安全保障』東郷えりか訳(集英社新書，2006年)．
セン，アマルティア『自由と経済開発』石塚雅彦訳(日本経済新聞社，2000年)．
高橋哲哉・山影進編『人間の安全保障』(東京大学出版会，2008年)．
藤原保信『自由主義の再検討』(岩波新書，1993年)．
松本悟・大芝亮編著『NGOから見た世界銀行——市民社会と国際機構のはざま』(ミネルヴァ書房，2013年)．
ユヌス，ムハマド『貧困のない世界を創る——ソーシャル・ビジネスと新しい資本主義』猪熊弘子訳(早川書房，2008年)．
ロールズ，ジョン『正義論』川本隆史ほか訳(紀伊國屋書店，2010年)．
ロールズ，ジョン，エリン・ケリー編『公正としての正義 再説』田中成明ほか訳(岩波書店，2004年)．

第 14 章

G ゼロ世界と地球社会の課題

Keywords　アジア　BRICS　G ゼロ　G20　米中衝突　グローバル・リーダーシップ　G3　多国間協調主義

1　新しいリーダー

(1) アジアの台頭と中国

　世界の政治経済におけるアジアの地位が急速に高まっている．ゴールドマン・サックスのレポートによれば，2050 年の GDP は，1 位中国 70.1 兆ドル，2 位米国 38.5 兆ドル，3 位インド 38.2 兆ドル，4 位ブラジル 11.4 兆ドル，5 位メキシコ 9.3 兆ドル，6 位ロシア 8.6 兆ドル，7 位インドネシア 7 兆ドル，8 位日本 6.7 兆ドル，9 位英国 5.2 兆ドル，10 位ドイツ 5 兆ドルになると予測されている．上位 10 位のうち，地域別にみるとアジアが最大で 4 ヵ国が占める (図 10)．

　2010 年 4 月，世界銀行の出資比率・投票権の改革で，中国がドイツ，英国，フランスを抜き 3 位に上がった．1 位の米国は 16%，2 位の日本は，6.84%，中国は，2.77% から 4.42% へと引き上げられた．中国は国際経済の舞台でも，1 位の米国，2 位の日本に次ぐ役割を担うこととなった．経済協力開発機構 (OECD) が 2012 年に発表した超長期予測「Looking to 2060: Long-term growth prospects for the world」によると，2060 年の日本経済が世界経済に占める割合は 11 年の 6.7% から 3.2% に低下，「経済小国」に転落するとの見通しが示された．一方で中国とインドはいずれも米国をしのぎ，世界の 2 大国としての地位を固めていくものと予測された．

　果たしてこれらの予想通り，中国やインドが台頭し，国際秩序を形成するに足るリーダーシップを発揮していく世界が現れるのだろうか．

　東アジア諸国は先を争って域内にある他の国や中国との貿易関係を拡大する方向に走っている．2010 年，中国は東アジア諸国にとっての最大の貿易相手国，かつ，単一国として最大の貿易相手国，かつ，単一国として最大の輸出先になっ

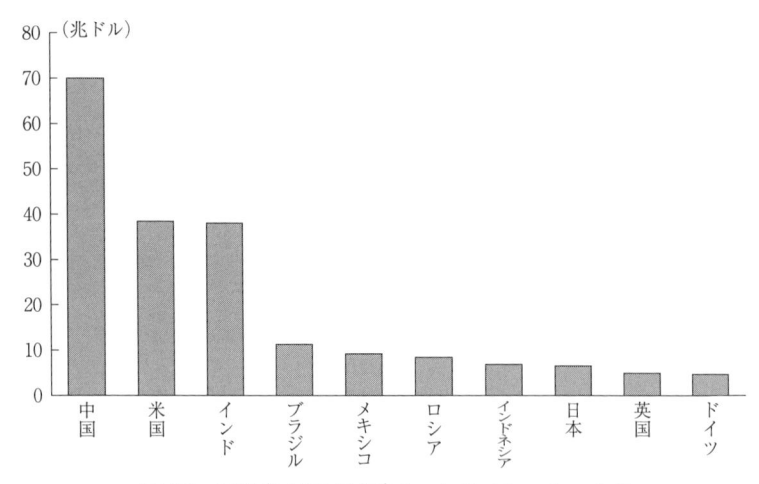

図10 2050年GDP予想(ゴールドマン・サックス「BRICs and beyond」2007年11月3日から筆者作成)

たという．中国が東南アジア諸国連合(ASEAN)加盟国との間で交わした貿易協定 ASEAN 中国自由貿易協定(ASEAN-CHINA Free Trade Area: ACFTA)が2010年に発効したが，これは史上最大の人口が関係する貿易協定である．

(2) BRICS の経済発展

地域横断的な新興国連合の台頭も著しい．これまでは経済的な協力を主眼として地域を核とする連合が形成されてきたが，BRICS(2011年から南アフリカが正式に参加が認められ，BRICs から BRICS となった)は違う．BRICS とは，B(ブラジル)，R(ロシア)，I(インド)，C(チャイナ＝中国)，そして S(サウス・アフリカ＝南アフリカ)の5ヵ国を指すが，もともと新興国の中で21世紀に大きな経済成長が見込まれるブラジル，ロシア，インド，中国の4ヵ国に注目した投資銀行ゴールドマン・サックスのジム・オニールが，2001年11月30日に発表した投資家向けレポート「Building Better Global Economic BRICs」に書いたのが初めてだとされている．

BRICS は，世界人口の約4割，世界の国内総生産(GDP)の2割近くを占め，年々発言力を増している．2013年世銀統計による各国のGDPは，ブラジル2兆2530億ドル，ロシア2兆150億ドル，インド1兆8590億ドル，中国8兆2270億ドル，南アフリカ3843億ドルである．オニールがレポートを書いた時，

BRICS は協力関係を築いていたわけではなかったが，言説が現実を動かし，5 ヵ国は協力関係を構築・維持するようになった．

2009 年より毎年行われている BRICs 首脳会議は，第 3 回となる 2011 年，中国での 4 ヵ国首脳会議の際に南アフリカが招待され，以後 BRICS 首脳会議が開催されるようになったが，5 ヵ国での首脳会議終了後，共同声明で，「より民主的で国際法に基づいた多極的な世界秩序を支持する」として「世界経済の変化を反映し，国際金融機関の改革促進に取り組む」とした．また，「新興国および発展途上国は，国際金融機関において発言権と存在感を高めなければならない」とした．

2014 年 7 月，BRICS 5 ヵ国は上海に開発銀行を設立することを決め，為替市場安定を目的に 1000 億ドル規模の外貨準備基金の創設に合意した．「新興国の IMF・世界銀行になる」ことが目標で，さらに中国は，500 億ドルの資本金を持つ「アジア・インフラ投資銀行（Asia Infrastructure Investment Bank: AIIB）」の設立準備を進める見通しである．

BRICS 諸国の驚くべき経済発展に関する理由としていくつかの共通項がある．①人口が多く，労働力が豊富にあり，労働力単価が安く，低コストで製品を生産できる．②国土が広大で，天然資源が豊富である．③人口が多いので，市場としても有望である．

まずは，生産力（労働力）を武器にしている中国とインドをみてみよう．中国は安い労働力を武器に，日本や米国等の先進国の工業製品の生産を請け負い「世界の工場」と呼ばれるまでになった．そして，中国と似た経済発展を遂げつつあるのが，やはり労働力が安価で豊富なインドである．この 2 ヵ国は，先進国の生産工場としての機能を満たすことで，近年の高度成長を成し得ている．技術力も大きい．近年の高成長は主に IT 部門の成長がもたらしているのは明らかである．インドは先進国企業の情報技術導入が進むなかで，コンピューターソフトの開発および販売・欧米企業の情報技術関連業務のアウトソーシングの受注を拡大させている．

つぎに天然資源はどうだろうか．ブリティッシュ・ペトロリアム（BP）社や CIA ファクトブックなどの統計でみるとロシアは原油（石油）や天然ガスの生産がそれぞれ世界 2 位で，ブラジルも鉄鉱石の輸出量が世界一を誇っているなど，豊富な天然資源の輸出が高度成長を支えている．特に近年は，原油を筆頭に資源

商品の市場価格が高騰の一途をたどっており，両国ともに当分の間は資源商品の輸出によって潤うだろうと予測されている．中国も世界第4位の石油産油国で，かつレアメタルなどの産出国でもある．例えば，ダイヤモンドに次ぐ硬さを誇り，研磨や電球のフィラメントなどで利用されるタングステンは85％，強度や耐熱性強化の触媒として様々な金属と混ぜ合わせて使用されるバナジウムは30％，ステンレス鋼の素材や自動車の排ガス処理などで利用されるモリブデンは25％が中国産である．南アフリカもレアメタル大国でプラチナなど車の排気ガス浄化触媒に使用される貴金属を産出している．

　広い国土も武器である．国土面積はロシアが世界1位，中国が世界4位，ブラジルが世界5位，インドが世界7位である．面積でいえばこの4ヵ国で世界の約29％を占めている．人口も武器であり，この4ヵ国とも人口大国である．CIAによる2014年7月推計で，4ヵ国の人口は，中国が13億5569万(世界1位)，インドが12億3634万(世界2位)，ブラジルが2億265万(世界6位)，ロシアが約1億4247万(世界10位)となっており，4ヵ国合計で29億3715万人，実に世界の人口71億7461万人の40.9％を占めている．今後もロシアを除く3ヵ国では人口が増加し，2050年には33億人程度にまで膨れ上がると予測されている．ただし，ブラジルとインドでは将来的にも人口が増え続ける一方で，ロシアは特に21世紀に入って以降，人口が急激に減少する傾向にあり，一人っ子政策を採る中国でも将来的には人口が減少すると予測されている．人口は将来的に実質的な購買力を備えたボリュームゾーン＝中間層となり，有望な消費市場をもたらすため，国家発展戦略に重要となる．

　政治・軍事において，地域における覇権を握っていることもこの4ヵ国の共通点である(第2章表3)．ロシア，中国，インドは核保有国であり，ロシア，中国は国連安保理常任理事国で，ブラジルとインドも新たに常任理事国入りする可能性がある．

　また，これらの国々は地域において文化的影響力を有する．中国は儒教文化圏，インドはヒンドゥー教文化圏，ロシアは正教会文化圏，ブラジルはラテンアメリカ文化圏に属する．多民族国家で多人種社会であり，多くの言語が国内外で使用されており，地域での影響力は大である．南アについても，南部アフリカにおいて政治経済のハブとなっており，文化的中心地となっている．

2　Gゼロ世界

(1) リーダー不在の世界

　米国を中心とした国際システム，あるいは米国が主導してきた国際機構や制度に変化はあるのだろうか．「世界は多国間協調主義なき多極化が進み，主要7ヵ国(G7)も20ヵ国・地域(G20)もグローバルガバナンス(統治)の仕組みを担うことができず米国主導で築き上げられてきた国際政治経済システムは有効性を失っていく」．国際政治のリスク分析を専門とするコンサルティング会社，ユーラシア・グループの代表イアン・ブレマーは，2012年，『「Gゼロ」後の世界』でこう述べ，リーダーとなる国は，国境を越えた問題について，多くの関係国の対応を調整するのに必要な強い影響力を備えていなければならないが，こうした責任を引き受ける意思と能力を米国は次第に失いつつあるとした．以来，将来を悲観する議論が広がりをみせている．

　ブレマーは「米国では，党派対立による政治闘争と山積する連邦債務のため，欧州も債務危機のため，日本は，地震，津波，原発事故という3重の災害からの回復には目覚しいものがあるのに，20年にわたる政治と経済の停滞を回復できないでいる．30年ほど前，米国，西ヨーロッパ，日本は世界経済を動かすエンジンであり，G7という世界秩序の心臓部だった．今日，これらの国々はただ単に足場を取り戻そうと悪戦苦闘しているだけだ」と述べている．

　また，「今後の数年間は世界の誰もリーダーになれないだろう」と断言しており，国連安保理事会，国際通貨基金(IMF)，世界銀行は，もはや世界の政治と経済の真の力の均衡を反映していないために，また，もっと最近になって成立したG20は，根本的な政治的，経済的価値観が，まとまりがつかないほど多様であるため，よほど切迫した問題でない限り，コンセンサスを提供することができないとしている．

　確かに，2008年11月，金融危機が最高潮に達したとき，G20という旗の下，世界で最も影響力のある先進国と新興国の政治指導者たちがワシントンに集まったが，このフォーラムは被害を限定的なものにするのには役立ったものの，すぐに集団的な危機意識は薄れ，協調は雲散霧消した．それ以降，G20サミットは実質的なものを何1つ生み出していないと言っていい．

　これが「Gゼロ世界」，つまり，第2次大戦が終わって以降初めて，グローバ

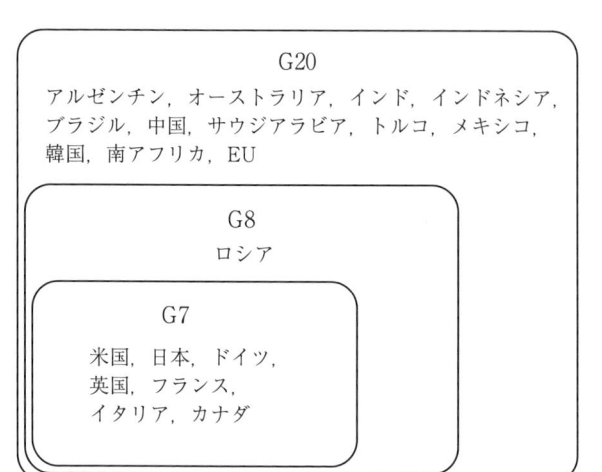

```
         G20
  アルゼンチン, オーストラリア, インド, インドネシア,
  ブラジル, 中国, サウジアラビア, トルコ, メキシコ,
  韓国, 南アフリカ, EU

           G8
          ロシア

         G7
   米国, 日本, ドイツ,
   英国, フランス,
   イタリア, カナダ
```

図 11　G7/G8/G20 構成国・地域(筆者作成)

ル・リーダーシップという課題を引き受けられる国や国家連合がどこにも存在しない世界である.

(2) 不安定化するアジア

　ブレマーはグローバル・リーダーシップの欠如が最大の影響を及ぼす地域はアジアになるだろう,と大胆な予測さえしている.「アジアは世界経済の未来にとってきわめて重要な地域であるが,同時に,アジアは世界の他のいかなる地域よりも数多くの新興国が存在し,紛争が発生する可能性の高い地域である」.アジアの中心的な問題は,多くの国が中国との貿易関係を拡大する一方で,米国との安全保障面での関係を維持しようとしている点にある.このような状態は持続不可能だという.なぜなら,中国が経済力を強めることでアジア諸国へ及ぼす影響力も強まっていくからである.現在,中国の消費者市場がさらに重要性を増す一方であり,アジアにおける米国の友好国は,米国が持続的にこの地域で長期的に持続する力を持つかどうか疑念を抱くのは無理もない.

　南沙諸島での中国海軍の拡張政策は,中国が領有権の主張を強硬に打ち出したものだが,こういった行動の目的は,ワシントンやアジアの近隣諸国の反発の程度を探る意図も含まれていると考えることもできよう.

　今後米国が約束するアジアの安全保障に対する関心がさらに高まることになれ

ば，米国と中国の対立関係が激化する可能性がある．ブレマーは，ここにアジア最大のGゼロ問題が浮上すると述べる．「一般論としては，機能不全に陥った国際機関と米国が残した力の真空状態は，地域内の大国と組織が穴埋めして，その地域にある程度の秩序をもたらす可能性がある．ラテンアメリカならブラジル，中東ならサウジアラビア，アフリカなら南アフリカ……」．しかし「アジアの場合，逆説的だが，強力な国が多すぎるのに対して国家間の争いを鎮めるレフリー役があまりにも少ない．アジア連合など成立する兆しもないばかりか，今後アジアで不可避と思われる紛争が実際に起きた時，それを解決するアジア全域にまたがる安全保障フォーラムさえ存在しない」．

(3) 米国の覇権

以上のようなブレマーの見解は果たして的を射たものだろうか．ファリード・ザカリアも同様に『アメリカ後の世界』で米国以外のすべての国の台頭を指摘しているが，今，2つの大きなパワーシフトが起きている．各国間の力の移行と，国家から非国家主体への力の拡散である．

確かに最近の中国の海洋資源や防空識別圏をめぐる拡張主義的な行動やシリア問題の泥沼化の事態をみるとブレマーが「米国主導で築き上げられてきた国際政治経済システムは，多国間協調なき多極化が進み，無秩序が世界を覆う」と論じたように混沌が支配しているようにもみえる．

しかし，だからといって無秩序が世界を支配しつつあると論じるのはどうだろうか．

冷静に考えると，現在，世界の力の分布は3層構造になっている(図12)．最上層には，①軍事力・ハードパワーの層があり，ほぼ1極支配の構造になっていて，米国の優位となっている．実際，2013年度の米軍事費は6400億ドル(世界シェア36.6％)で，これは米国を除いた上位9ヵ国を束ねてようやく匹敵する額である(第2章表3)．

中層は，②経済力・ソフトパワーの層で，すでに10年にわたって多極構造になっており，米国，EU，日本，中国が主要な参加国である．最下層は，③政府の管理や国境を越える脱国家的関係・多国間関係の層である．金融取引やテロリスト活動，インターネットの世界や国際企業活動などである．ただし，忘れてならないのは，これらはリベラルな国際秩序の中でグローバルな多層的相互依存関

```
グローバルな     ┌ 軍事力・ハードパワー ┐ ◁ 米国1極
多層的相互依存 {   経済力・ソフトパワー    ◁ 多極だが米国優位
                 └ 脱国家的関係        ┘ ◁ パワーは広く拡散
```

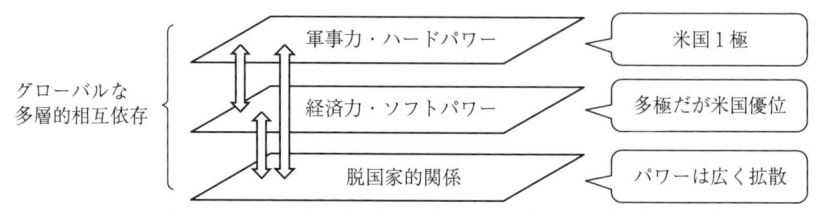

図 12 パワー分布の3層構造(軍事力／経済力／脱国家的関係)(筆者作成)

係にあるということである．軍事的なパワーは経済的成功があってはじめて得られるものである．他方，経済は国家間の安全保障が担保されてはじめて機能する．脱国家的パワーの金融取引や IT などは，言うに及ばず経済と密接に関わっている．

米国は世界の人口に占める比率が約 5% に過ぎないが，世界の GDP に占める比率は約 4 分の 1，世界の国防費に占める比率は半分に近く，文化と教育のソフトパワー資源でも世界一である．米国の価値観は純粋な意味で普遍的ではないが，参加や表現の自由を求める人が増えている情報時代には，多くの人の価値観に近くそれだけで有利である．広い範囲でそうした価値観が共有されれば，その価値観を基盤とする米国はソフトパワーによって利益を得ることになる．

巧みな変換戦略によって，ソフトパワーに変換できる基礎資源は実に広範囲にわたり，文化，価値観，正当性のある政策，国内の優れた実例，経済的成功，優秀な軍隊などがある．軍事力に依拠した強制力や技術力に依拠した経済力というハードパワーと，説得と魅力というソフトパワーの組み合わせであるスマートパワーを持つ国は現在のところ米国しかなく，当面は米国の優位が続くものとみられる．魅力的な教育・研究機関を提供し，世界中の優秀な留学生・研究者を集めている点についても米国の支配がすぐに揺らぐとも思えない．

今後の国際政治秩序構築においても米国は，シェール革命で経済的にも強い米国を取り戻しつつあり，支配と制御のバランスをとりながら関与し続けていくだろう．米国は国益を最重視し，次に賢明かつ冷静な目で同盟国の国益を考えて，どう動くかを判断している．軍事力を使わないことと使えないことは違う．オバマ政権になって米国は，米国の行動に対し説明責任を果たしていこうとの姿勢へとシフトしている．あたかもギャディスが言及していたような，2003 年 3 月米国がイラクを先制攻撃する以前の信望を取り戻す政治へ回帰しているようである．

第 14 章　G ゼロ世界と地球社会の課題

　ブレマーも含め，近年多くの識者が憂慮しているような米中対立の構図は，中国の保有する外貨準備高 3 兆 9500 億ドル分 (2014 年 3 月末時点ロイター) のうち 3 分の 1 が米国債であることを考えると想像しにくい．対立どころか協調せざるを得ないからである．それに中国は，アイケンベリーが『リベラルな秩序か帝国か』で指摘するように，世界政治を組織するうえで大きな理念を有しているわけではないし，対立した理念を有しているわけではない．中国は国内的には表向き共産主義をとっているが，やっていることは米国が敷いた国際秩序の中で，いっそう大きな影響力を持ち成功を収めようとしていると考えた方が自然である．そして何よりもこのリベラルな国際秩序はどの国をもってしても転覆させることは難しい．

(4) G3 の世界へ

　今後の世界はどのように推移していくのだろうか．今日の世界において，あまりに多くの難題が国境を越え，国際協調の必要性がかつてないほど高まっている．人類の未来を揺るがす生態系の危機，格差社会や貧困を助長する世界的な金融危機，命そのものに対する挑戦である無差別テロ，などがある現在，諸国間の協調にはリーダーシップが欠かせない．

　ウォルツやミアシャイマーの議論――国際システムは，2 極世界が最も安定する――を敷衍すれば，現在台頭している中国を，危機を招く存在として危険視するよりもむしろ，中国を国際システムに引き入れ，パートナーに育てることが安全保障に資するということになる (第 2 章)．だが，米ソ 2 極構造は歴史的に稀であるだけでなく，多くの代理戦争と核戦争の危機を乗り越えての恐怖の均衡の上に成り立っていたことは忘れてはなるまい．

　長い目でみると世界は，G2 でもなく無秩序でもない G3 からなるトライアングル世界へ移行していくのではないかと考えている．G3 とは米国を中心に，カナダ，日本，韓国，オーストラリアなどの米国の軍基地や安全保障，文化的関係を中心とする主として太平洋地域の主要国からなる極，EU を中心に，英国，インド，南米，アフリカ，中東の旧植民地などの歴史的関係，移民などの人的関係の絆を中心とする極，中国を中心に安保理でこれまで多くの問題で足並みを揃えてきたロシアや，イデオロギー面でも過去から現在まで米国にも EU にも接近できない新興国を中心とする極がトライアングルを形成する世界である (図 14)．

155

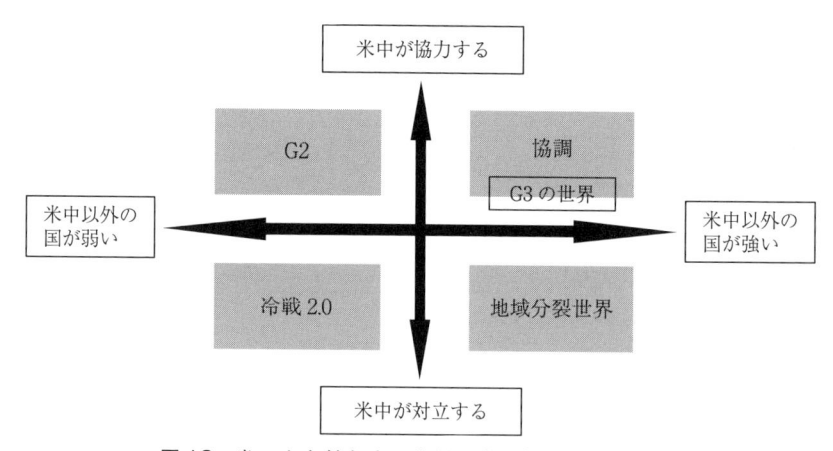

図13 米・中を軸とする世界の未来(ブレマー，2012年，197頁の図に筆者の考えによるG3の世界を加えた)

EUが3極の頂点に位置するのは，米国と中国の対立を調整する役割を担っていくだろうと考えているからだ．

　注目して欲しいのは，2つの円に重なっているいくつかの国家・地域の存在と中東・北アフリカ諸国の位置である．英国は米国とEUを今後もつなぐ(調整する)役割を果たすだろう．ブラジルは同様に，EUと新興国の代表である中国を中心とする極で，そしてアジア諸国は，その中国と米国をつなぐ役割を果たすと思われる．その意味で，英国，ブラジル，アジア諸国は，今後の新世界秩序において利害の調整役として重要な鍵を握ると思われる．トルコも同様の理由からより重要な国になる可能性が高い．他方，中東諸国は，サウジアラビアやエジプトが米国を中心とする極に，北アフリカ諸国がEUを中心とする極に，そしてシリアやイランが中国を中心とする極にそれぞれ分かれている．これはパレスチナ・シリア・イラク問題など地域の問題を中東・北アフリカ諸国が一体となって今後も解決できないことを示す．もとより同地域はイスラム教と言語の共通性から中東とひとくくりにされて論じられることが少なくないが，湾岸諸国と北アフリカ諸国は歴史的経験から生活様式も思考も言語もかなり異なることが広く知られており，また石油輸出国・輸入国といった経済的条件からみても利害関心が大きく異なるためである．

　なお，3つの円が重なる中心部は，基本的人権や，「民主主義(ポリアーキー)」，

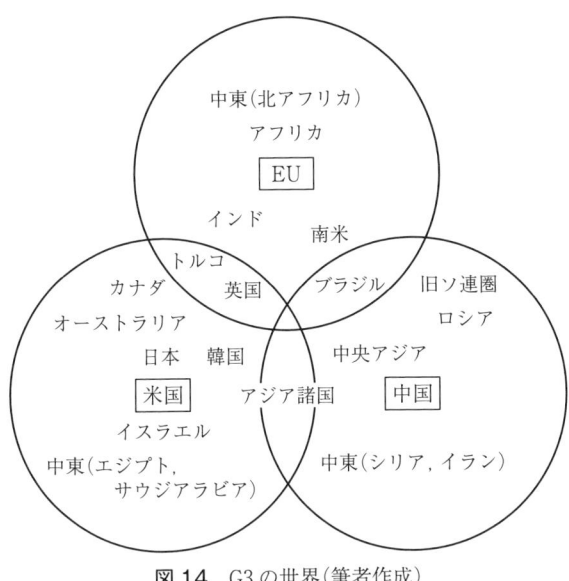

図14 G3の世界（筆者作成）

人間の安全保障などのこれまでの人類の共有財産が軸となると考えている．

ネグリとハートは『マルチチュード』で，世界は今内戦状態にあると述べ，今日，内戦は国家という空間内で行われると考えるべきではなく，内戦の舞台はグローバルに広がっていると論じた．彼らの言うことが正しいのなら，ある意味でそれは，戦争の個人化と，ギャディスの言葉を借りれば米国の先制行動原則による覇権に対する懐疑と畏怖が招いた結果である．

個人からなる社会への信頼と，国家からなる国際社会への信頼が両局面において崩壊してしまった世界は，想像するだけで恐ろしい．米国には，米国を支えてきた民主主義と人権思想に立脚した多国間協調主義を維持してくれることが望まれる．中国にも，ロシアにも，EU諸国にも，そのことを同様に期待する．

世界経済の安定や気候変動，貿易摩擦，サイバー攻撃，テロ，食料と水の安全保障，貧困，難民に至るまで，手を携えて乗り越えなければならない課題がある．「内戦」が収束に向かうのか，「内戦」が今より拡大していくのか，まだ予想もつかない．少なくとも現在より，より良い世界が実現していることを望んで，本論を終えることにしたい．

理解を深めるための読書案内

アタリ，ジャック『危機とサバイバル——21世紀を生き抜くための〈7つの原則〉』林昌宏訳(作品社，2014年).

大芝亮・山内進編著『衝突と和解のヨーロッパ——ユーロ・グローバリズムの挑戦』(ミネルヴァ書房，2007年).

ザカリア，ファリード『アメリカ後の世界』楡井浩一訳(徳間書店，2008年).

田中素香『拡大するユーロ経済圏——その強さとひずみを検証する』(日本経済新聞出版社，2007年).

チョムスキー，ノーム『覇権か，生存か——アメリカの世界戦略と人類の未来』鈴木主税訳(集英社新書，2004年).

トッド，エマニュエル『デモクラシー以後——協調的「保護主義」の提唱』石崎晴己訳(藤原書店，2009年).

トッド，エマニュエル『帝国以後——アメリカ・システムの崩壊』石崎晴己訳(藤原書店，2003年).

ナイ，ジョセフ・S.『スマート・パワー——21世紀を支配する新しい力』山岡洋一・藤島京子訳(日本経済新聞出版社，2011年).

ナイ，ジョセフ・S.『ソフト・パワー——21世紀国際政治を制する見えざる力』山岡洋一訳(日本経済新聞社，2004年).

中園和仁編著『中国がつくる国際秩序』(ミネルヴァ書房，2013年).

フリードバーグ，アーロン・L.『支配への競争——米中対立の構図とアジアの将来』佐橋亮監訳(日本評論社，2013年).

フリードマン，トーマス『フラット化する世界——経済の大転換と人間の未来(上・下)』伏見威蕃訳(日本経済新聞社，2006年).

ブレマー，イアン『「Gゼロ」後の世界——主導国なき時代の勝者はだれか』北沢格訳(日本経済新聞出版社，2012年).

ベーダー，ジェフリー・A.『オバマと中国——米国政府の内部からみたアジア政策』春原剛訳(東京大学出版会，2013年).

参考文献

〈外国語文献〉

Badescu, Cristina Gabriela, *Humanitarian Intervention and the Responsibility to Protect: Security and Human Rights*, Routledge, 2012.

Badie, Bertrand, *La fin des territoires : Essai sur le désordre international et sur l'utilité sociale du respect*, CNRS, 2014.

Badie, Bertrand, *L'impuissance de la puissance : Essai sur les nouvelles relations internationals*, CNRS, 2013a.

Badie, Bertrand, *La Diplomatie de Connivence : Les délives oligarchiques du système international*, La Découverte, 2013b.

Badie, Bertrand et Guillaume Devin, *Le multilatéralisme : Nouvelles formes de l'action international*, Éditions La Découverte, 2007.

Badie, Bertrand, *Les deux États — Pouvoir et Société en Occident et en terre d'Islam*, Fayard, 1996.

Barari, Hassan A., *Israeli Politics and the Middle East Peace Process, 1988-2002*, Durham Modern Middle East and Islamic World Series, Routledge, 2013.

Beblawi, Hazem and Giacomo Luciani, *The Rentier State*, London, Croom Helm, 1987.

Betts, Raymond F., *France and Decolonisation*, Macmillan Education Ltd, 1991(邦訳:『フランスと脱植民地化』今林直樹・加茂省三訳,晃洋書房, 2004 年).

Campbell, David, *Writing Security: United States Foreign Policy and the Politics of Identity*, 2nd ed., Minneapolis, University of Minnesota Press, 1998.

Carothers, Thomas, "The End of the Transition Paradigm", *Journal of Democracy*, Vol. 13, No. 1, January 2002.

Collier, Paul and Anke Hoeffler, "On Economic Causes of Civil War", *Oxford Economic Papers*, Vol. 50, No. 4, Oct. 1998.

Dahl, Robert A., *Polyarchy: Participation and Opposition*, Yale University Press, 1971(邦訳:『ポリアーキー』高畠通敏・前田脩訳, 三一書房, 1981 年).

Dallaire, Roméo, *Shake Hands with the Devil: The Failure of Humanity in Rwanda*, Random House Canada, 2003(邦訳:『なぜ,世界はルワンダを救えなかったのか——PKO 司令官の手記』金田耕一訳,風行社, 2012 年).

Deutsch, Karl W. et al., *Political Community and the North Atlantic Area: International Organization in the Light of Historical Experience*, Princeton University Press, 1957.

Devin, Guillaume, *Faire la paix : La part des institutions internationals*, Les Presses de Sciences Po, 2009.

Devin, Guillaume, *Sociologie des relations internationals*, Éditions La Découverte, 2006.

Diamond, Larry, "Is the Third Wave Over?", *Journal of Democracy*, Vol. 7, No. 3, July 1996.

Fearon, James D., "Signaling Foreign Policy Interests: Tying Hands versus Sinking Costs", *Journal of Conflict Resolution* 41, 1997.

Finnemore, Martha and Kathryn Sikkink, "International Norm Dynamics and Political Change", *International Organization*, Vol. 52, No. 4, International Organization, The MIT Press, 1998.

Finnemore, Martha, *National Interest in International Society*, Cornell University Press, 1996.

Frank, Andre Gunder, "The Development of Underdevelopment", in Robert I. Rhodes (ed.), *Imperialism and Underdevelopment: A Reader*, New York, Monthly Review Press, 1970.

Geddes, Barbara, *Paradigms and Sand Castles: Theory Building and Research Design in Comparative Politics*, The University of Michigan Press, Ann Arbor, 2003.

Gelvin, James L., *The Israel-Palestine Conflict: One Hundred Years of War*, Cambridge University Press, 2007.

Haas, Ernst B., *Beyond the Nation-State: Functionalism and International Organization*, Stanford University Press, 1964.

Hadenius, Axel and Jan Teorell, "Pathway from Authoritarianism", *Journal of Democracy*, Vol. 18, No. 1, January 2007.

Harms, Gregory and Todd M. Ferry, *The Palestine-Israel Conflict: A Basic Introduction*, Pluto Press, 3rd Edition, 2012.

Hecter, Michael, "The Dynamics of Secession", *Acta Sociologica* 35, 1992.

Horowitz, Donald L., *The Deadly Ethnic Riot*, University of California Press, 2003.

Horowitz, Donald L., *Ethnic Groups in Conflict*, Berkeley, University of California Press, 1985.

Keohane, Robert O. (ed.), *Neorealism and Its Critics*, Columbia University Press, 1986.

Keohane, Robert O., *After Hegemony*, Princeton University Press, 1984(邦訳：『覇権後の国際政治経済学』石黒馨・小林誠訳，晃洋書房，1998年).

Klotz, Audie, *Norms in International Relations: The Struggle against Apartheid*, Cornell University Press, 1995.

Klotz, Audie, "Norms Reconstituting Interests: Global Racial Equality and U.S. Sanctions against South Africa", *International Organization*, Vol. 49, No. 3, 1995.

Krasner, Stephen D., *International Regimes*, Cornell University Press, 1983.

Krasner, Stephen D., "State Power and the Structure of International Trade", *World Politics*, Vol. 28, No. 3, 1976.

Kuperman, Alan J., "The Other Lesson of Rwanda: Mediators Sometimes Do More Damage than Good", *SAIS Review of International Affairs* 16. 1., The Johns Hopkins University Press, 1996.

Laitin, David D., "Somalia: Civil War and International Intervention", in Barbara F. Walter and Jack Synder (eds.), *Civil Wars, Insecurity, and Intervention*, New York, Columbia University Press, 1999.

Lake, David A., "International Economic Structures and American Foreign Economic Policy, 1887-1934", *World Politics*, Vol. 35, No. 4, 1983.

Laurens, Henry, *Paix et Guerre au Moyen-Orient: L'Orient arabe et le monde de 1945 à nos jours*, Armand Colin, 2ᵉ édition, 2005.

Lugan, Bernard, *Rwanda: un génocide en questions*, Éditions du Rocher, 2014.

Lugan, Bernard, *Les guerres d'Afrique: Des origines à nos jours*, Éditions du Rocher, 2013.

Makovsky, David, *Engagement through Disengagement: Gaza and the Potential for Renewed*

Israeli-palestinian Peacemaking, The Washington Institute for Near East Policy, 2005.
Mamta Murthi, Anne-Catherine Guio and Jean DrèzeSource, "Mortality, Fertility, and Gender Bias in India: A District-Level Analysis", *Population and Development Review*, Vol. 21, No. 4., Dec. 1995.
Mearsheimer, John J., *The Tragedy of Great Power Politics*, University of Chicago, 2001(邦訳:『大国政治の悲劇』奥山真司訳, 五月書房, 2007年).
Philippe, David Charles, *La consolidation de la paix, l'intervention internationale et le concept des casques blancs*, Éditions L'Harmattan, 1997.
Prebisch, Raúl, "Towards a New Trade Policy for Development", Report by the Secretary General of the United Nations Conference on Trade and Development; New Directions for World Trade, Proceedings of a Chatham House Conference (Bellagio, 16–24 September, 1963).
Renan, Ernest and Hans Kohn, *Nationalism: Its Meaning and History*, Princeton, NJ, Van Nostrand, 1995.
Reno, William, "War, Markets, and the Reconfiguration of West Africa's Weak States", *Comparative Politics*, July 1997.
Said, Edward W., *The End of the Peace Process: Oslo and After*, Vintage Books, 2001.
Stiglitz, Joseph E., "Towards a New Paradigm for Development: Strategies, Policies, and Processes", Prebisch Lecture at UNCTAD, Geneva, October 19, 1998.
Waltz, Kenneth, *Theory of International Politics*, McGraw-Hill, 1979(邦訳:『国際政治の理論』河野勝・岡垣知子訳, 勁草書房, 2010年).
Walzer, Michael, *Just and Unjust Wars*, 4th ed., New York, Basic Books, 2006(邦訳:『正しい戦争と不正な戦争』萩原能久監訳, 風行社, 2008年).
Wastern, Jon, "Sources of Humanitarian Intervention: Beliefs, Information, and Advocacy in the U.S. Decisions on Somalia and Bosnia", *International Security*, Vol. 26, No. 4, summer 2002.
Weller, Marc and Barbara Metzger (eds.), *Settling Self-Determination Disputes: Complex Power-Sharing in Theory and Practice*, Nijhoff Publishers, 2008.
Wendt, Alexander, *Social Theory of International Politics*, Cambridge University Press, 1999.
Wendt, Alexander, "Anarchy is What States Make of It: The Social Construction of Power Politics", *International Organization*, Vol. 46, No. 2, 1992.
Zakaria, Fareed, "Islam, Democracy, and Constitutional Liberalism", *Political Science Quarterly*, Vol. 119, No. 1, 2004.
Zakaria, Fareed, *From Wealth to Power: The Unusual Origins of America's World Role*, Princeton University Press, 1999.

〈日本語文献〉
石川一雄「民族(エスニック)紛争の解決とパワー・シェアリング——複合型パワー・シェアリング・アプローチの有意性」(『専修大学法学研究所紀要』34, 2009年).
石川滋「PRSP体制の有効性について」(『国際協力研究』Vol. 19, No. 1, 通巻37号, 国際協力機構国際協力総合研修所, 2003年).
押村高「国家の安全保障と人間の安全保障」(『国際問題』No. 530, 日本国際問題研究所, 2004

年).
等雄一郎「平和構築支援の課題〈序説〉」(レファレンス,平成 19 年 3 月号,国立国会図書館調査及び立法考査局,2007 年).
福富満久「「軍事介入の論理」M.ウォルツァーと M.イグナティエフ——シリア問題に寄せて」(『一橋社会科学』第 5 巻,一橋大学大学院社会学研究科,2013 年).
福富満久「植民地,資源,内戦——アルジェリア,リビア,そしてシリア」(『海外事情』第 61 巻第 7・8 号,拓殖大学海外事情研究所,2013 年).
福富満久「リビア内戦と「保護する責任」——コンストラクティヴィズムの射程と軍事介入」(『国際問題』No. 605,日本国際問題研究所,2011 年).

あとがき

　今年の夏，毎年の恒例行事にしているゼミ合宿で，卒業生も含めて総勢20人余りの学生たちとはじめて鹿児島の知覧を訪れた．知覧はかつて特攻基地があったところである．沖縄のひめゆりの塔，山口県周南市の回天基地，アウシュヴィッツや北アイルランド，イェルサレムやパレスチナ，サライェヴォやパールハーバーと，戦地巡りはライフワークになりつつあるが，知覧ははじめてだった．
　集団的自衛権がこの夏，閣議決定されたが，政府見解によると「我が国を取り巻く安全保障環境がますます厳しさを増す中，我が国の存立を全うし，国民の命と平和な暮らしを守るため，やむを得ない自衛の措置として，必要最小限の武力の行使を認めるもの」であるらしい．
　国民の命を預かる政治家は知覧を訪ねたことがあるのだろうか．国の「えらい人」を信じて特攻に行くわけではない，多くの未来ある子供たちを守るため飛び立つのだと書いた遺書が残されている．2人の幼子が成長したらわかるようにとカタカナで「父ハスガタコソミエザルモイツデモオマエタチヲ見テイル……ヒトノオトウサンヲウラヤンデハイケマセンヨ」としたためてある遺書もあった．私も父親で，新しく1人生まれる直前であったので胸に迫るものがあり苦しかった．
　集団的自衛権とは，同盟国への武力攻撃があったときに，それを自国への侵略とみなして攻撃国に反撃する，国際法で認められた国家の権利である．同盟は，「巻き込まれる恐怖」と「見捨てられる恐怖」の2つの間に立たされる難しい選択ではある．「日米関係の強化のため」とする政府見解をみると，米国に見捨てられることをなによりも恐れているらしい．しかし，地政学的見地からすれば米国にとって対中国戦略の前線となる最重要拠点で，米軍基地の維持に多額の税金を投入している日本が，米国から見捨てられることはけっしてない．
　米国に要らぬ気遣いをしたり，外に向かって国民を守ることを喧伝するよりも，したたかに先を読んで自らは戦争をしないし周囲の国にも絶対に戦争をさせないということをなぜ強調しないのか．日本国憲法第9条はこのようになっている．
  1. 日本国民は，正義と秩序を基調とする国際平和を誠実に希求し，国権の発動たる戦争と，武力による威嚇又は武力の行使は，国際紛争を解決する手段

としては，永久にこれを放棄する．
2. 前項の目的を達するため，陸海空軍その他の戦力は，これを保持しない．国の交戦権は，これを認めない．

　第1項は，戦争を放棄するものであり，武力を用いた争いの当事者となることを禁じている．問題は第2項で，歴代政府は，（個別的）自衛権は国が独立国である以上，当然に保有する権利であり，憲法はこれを否定していないとして，自衛権に基づく自衛のための組織すなわち自衛隊を持つことができると解釈してきた．

　だが，憲法解釈で集団的自衛権まで認めることになれば，憲法解釈でできないことはいったい何なのか．今回世論が割れたのも，憲法解釈がどこまで許されるものなのかについて，多くの国民が不安を抱いた結果であろう．

　第9条は，戦争で犠牲になった先人たちが命を賭して我々に残してくれたものだと受け取っている．他国でも多くの犠牲者を出してしまったが，その方々への責任や償いという意味でも，守っていくべきなのではないだろうか．

　憲法はそもそもすべてを規定できるような性格をもちあわせておらず，「空気」のような存在である．意識しなければいくらでもいいように利用される．しかし，憲法は国民の手にある．「とき」の政権が何をしようとしているのかしっかり監視して，国民自身が憲法の「精神」を守っていくことが大切なのだ．最後はこれに尽きると思う．

　この場を借りて感謝の気持ちを一言．
　岩波書店の石川憲子さんに．ご理解とご協力がなければ完成しなかった．
　フランス・パリ政治学院の国際関係学 Ph.D. コース時代の恩師ベルトラン・バディ教授に．研究者の使命は答えを見つけることだと教えられた．
　わがゼミ生と，縁あって私の講義を受講してくれた皆さんに．その笑顔と真剣な眼差しはいつも私の励みとなった．日本国憲法第12条には「この憲法が国民に保障する自由及び権利は，国民の不断の努力によって，これを保持しなければならない」とある．平和を支え，次の世代へと受け継いでいってもらいたい．
　そして最後に，生きる喜びを日々与えてくれる2人の息子，長男・理太と終戦の日の2日前に生まれた次男・理史に．

　2014年9月

福富満久

事項索引

欧文

ABM条約　39
ASEAN　30, 148
ASEAN地域フォーラム(ARF)　40
BRICs, BRICS　148, 149
CIA　20, 83
CIS　55
EC　25, 32, 76, 78
EU　23, 30, 32, 106, 155, 156
FTA　25
Gゼロ　151
G2　155, 156
G3　155-157
G7　151, 152
G8　32, 127, 138, 152
G20　32, 151, 152
GATT　28, 29, 45
IAEA　31
IMF(体制)　28, 45, 51, 52, 138, 141, 142, 149, 151
JICA　128
NATO　31, 45, 80, 108, 109, 112, 113
OECD　31, 147
OPEC　25, 28, 72, 73, 93, 94
PKO　106
PLO　73, 110
SALT-I協定　39, 40
UNCTAD　46, 138
UNHCR　123
WTO　29

あ行

愛国者法　59, 60
アイデンティティ　31, 35-37, 40, 41, 43, 44, 69, 80, 87, 102, 129, 133
アウシュヴィッツ(絶滅)収容所　8
アジア・インフラ投資銀行(AIIB)　149
アナーキー　12, 15, 16, 35-38, 40
アパルトヘイト　38
アムネスティインターナショナル　99
アムネスティ(大赦)条項　2
アラウィ派　107
アラブ連盟　106
アルカイダ　56, 58
アルーシャ協定　84
安全保障　11, 25, 41, 44, 135, 142, 152-155
　——共同体　23
　——のジレンマ　20, 29, 40
　集団的——　11, 31, 119
　人間の——　135, 137, 139, 140, 142, 157
イシューリンケージ　30
イスラエル・パレスチナ問題　80
1極支配　153
イラク攻撃(侵攻)　19, 20, 50, 57, 113, 120
イラク・シリア・イスラム国(ISIS)　58
イラク戦争　94
インティファーダ　74
ヴァイマル憲法　6
ウィーン体制　11
ウェストファリア条約　2
ウェストファリア(ヴェストファーレン)体制　2-4, 11, 14
ヴェルサイユ条約　6, 11
ヴェルサイユ=ワシントン体制(ヴェルサイユ体制)　8, 9
エージェント　35
エスアー, エスエス　7
エンパワーメント　137
欧州安全保障協力会議(CSCE)　40
欧州共同体(EC)　25, 32, 76, 78
欧州復興計画(マーシャル・プラン)　45
欧州連合(EU)　23, 30, 32, 106, 155, 156
おうむ返し戦略(しっぺ返し戦略)　29
オスマン帝国　71
オックスファム(OXFAM)　144

165

オランダ病　93
オーランド諸島　131

か 行

開戦法規　116
介入
　　軍事——　20, 115, 118, 122
　　人道的——　105, 108, 111, 112, 117, 123
開発独裁　47
核戦争　27, 39
核の優越　18
核兵器　18, 19, 39
革命統一戦線(RUF)　99
貨幣数量説　3
観衆費用　20
間主観性　40
干渉と国家主権に関する国際委員会(ICISS)　110, 112
関税および貿易に関する一般協定
　　→ GATT
規制的機能と構成的機能　41
北大西洋条約機構　→ NATO
規範カスケード　39
規範企業家　39
キャンプ・デービッド合意　95
9.11米同時多発テロ　18, 56-59
旧ユーゴ国際刑事裁判所(ICTY)　78
キューバ危機　29
クメール・ルージュ　100
グラント　95
クルド人　58
グレナダ侵攻　113
グローバリゼーション　31
グローバル援助基金　143
グローバル正義論　142
軍事介入　20, 115, 118, 122
『君主論』　3
経済協力開発機構(OECD)　31, 147
経済制裁　122
ゲーム理論　28, 38
権威主義的パーソナリティ　8, 9
現実主義　24

現状維持国　15, 20
攻撃的リアリスト　16, 17
交戦法規　116
構造主義ネオリアリズム　27
構造調整(計画)　51, 138
構造調整貸付(SAL)　138
構造的暴力　52
合理的アクター　17, 27
合理的選択　42
国際協力機構(JICA)　127
国際原子力機関(IAEA)　31
国際システム　36, 37
国際司法裁判所(ICJ)　75
国際通貨基金　→ IMF
国際統合理論　23
国際連盟　9, 11, 12
国民国家　5, 102
国民評議会(NTC)　107, 108
国連安全保障理事会(安保理)　32, 105-107, 109, 111-113, 119, 122, 151
国連開発計画(UNDP)　137, 141
国連憲章　108, 109, 112
国連難民高等弁務官事務所(UNHCR)　123
国連平和執行部隊(UNOSOM II)　85
国連貿易開発会議(UNCTAD)　46, 138
国連保護軍(UNPROFOR)　77, 78
国連ルワンダ支援団(UNAMIR)　84
コソヴォ自治州　79, 113
コソヴォ紛争　76, 80, 109
古代ギリシア　1
国家理性論　4
国境なき医師団　143
国境なき記者団　140, 144
古典的(伝統的)リアリズム　12, 13, 43
古典派経済理論　139
ゴールドマン・サックス　147, 148
コンストラクティヴィズム　35-37, 40-43, 52
コンディショナリティ　138
コンドラチェフ波動　50
コンプライアンス　30

さ 行

サイクス＝ピコ協定　72
サイバー攻撃　157
サミット　25, 138, 141, 151
30年戦争　1, 2
三枚舌外交　72
シーア派　57, 58
ジェノサイド　78, 80, 84
シェール革命　154
シェンゲン協定　32
シオニズム　71
識字率　99, 100, 137
シグナリング　20
「資源ののろい」　94
自己保存原則　15
自主管理社会主義　76
しっぺ返し戦略　29
死亡率
　　乳幼児——　98
　　妊産婦の——　141
　　母体——　98
自由アチェ運動(GAM)　99
「自由からの逃走」　7, 8
重債務貧困国(HIPCs)　141
十字軍　71
重商主義　3
囚人のジレンマ　28, 29, 38
修正主義国　15, 20
集団的安全保障　11, 31, 119
集団的自衛権　109
自由貿易協定(FTA)　25
14ヵ条の原則　11
上級代表事務所(OHR)　132
消極的平和と積極的平和　125
情報の非対称性　18
新開発戦略(NDS)　138
新機能主義論　23
新疆ウイグル自治区　60
新古典派経済学　51
新自由主義　51
人種隔離政策(アパルトヘイト)　38

神聖ローマ皇帝　1, 5
神聖ローマ帝国　2
人道的介入　105, 108, 111, 112, 117, 123
スエズ運河通行料　95
スピル・オーバー仮説(波及効果)　23
スマートパワー　154
スムート＝ホーリー法　24
スレブレニツァの虐殺　78, 109, 110
スンニ派　58, 84
聖金曜日協定　132
脆弱国家　88, 96, 97, 100, 140
　　——指数(FSI)　96-98, 140
脆弱性　26, 27
成人識字率　99, 100
制度主義(リベラル制度論)　23, 30
制度的アプローチ　122
西洋中心主義　51
勢力均衡　2, 11-13
　　——のジレンマ　14
世界銀行　51, 130, 138, 139, 141, 142, 147-149, 151
世界＝経済　49-51
世界システム(論)　49-52
世界人権宣言　121
世界＝帝国　49, 51
世界の医療団　143
世界貿易機関(WTO)　29
赤十字・赤新月・ダヴィデの赤盾　143
石油危機　25, 26, 93
石油輸出国機構(OPEC)　25, 28, 72, 73, 93, 94
全権委任法　7
潜在的覇権国　17
潜在能力アプローチ　136
先進国首脳会議(サミット)　25
先制行動原則　18, 19, 157
戦争の違法化　109
戦争の個人化　157
相互依存(複合的相互依存)　25-27, 31
相互確証破壊(MAD)　18
相互主観的　35
相互不可侵の原則　2

想像の共同体　5
相対的利得と絶対的利得　30
阻止条項　9
ソフトパワー　153, 154
ソマリア内戦　84

た 行

第 1 次産品交易条件悪化説　46
第 1 次戦略兵器制限協定(SALT-I 協定)　39, 40
第 1 次(世界)大戦　6-8, 11, 24, 45, 71
第 2 次(世界)大戦　12, 29, 32, 45, 55, 67
第 3 次中東戦争(6 日間戦争)　29
第 4 次中東戦争(ラマダン戦争，ヨム・キプール戦争)　72
大ソマリア主義　85
大量虐殺　109, 110, 113, 120
大量破壊兵器(WMD)　18
多極共存型パワーシェアリング　128, 129
多極システム　14
多国間協調主義　31, 157
多国籍企業　32, 38
弾道弾迎撃ミサイル制限条約(ABM 条約)　39
治安分野改革(SSR)　127, 128
チェチェン問題(紛争)　60, 101
チベット問題　60
中核(メトロポリス)‐衛星(サテライト)構造　47
中東戦争　29, 72, 94
中東民主化構想　63
ツチ族　83, 84, 119
ディスコース分析　43
デイトン合意　79, 132
適切性の論理　39
デモクラティック・ピース論　31
テロ(テロリズム，テロリスト)　18, 59, 60, 72, 105, 153, 155, 157
統一ソマリア会議(USC)　85
統合主義型パワーシェアリング　129, 133
道徳的アプローチ　115, 117
東南アジア諸国連合(ASEAN)　30, 148

独立国家共同体(CIS)　55
トリックル・ダウン仮説　137

な 行

内政不干渉の原則　107, 111, 115, 117
内面化　41
ナショナリズム　4-7, 102
ナショナルユニティ　129
ナチス(ナチ)　6-8, 76
ナチズム　6
ナポレオン戦争　2, 50
ならず者国家　18
2 極構造　14, 20, 25
2 極システム(2 極世界)　14, 15
ニクソン・ショック　25
日独伊防共協定　9
乳幼児死亡率　98
ニュルンベルク綱領　105
人間開発指数(HDI)　137, 141, 142
人間開発報告書　137
人間の安全保障(委員会)　135, 137, 139, 140, 142, 157
妊産婦の死亡率　141
ネオコン(新保守主義)　57, 58
ネオリアリスト　14, 15, 37, 42
ネオリアリズム　15, 30, 32, 36, 37, 40, 42, 43
ネオリベラリスト　42
ネオリベラリズム　28, 30, 32, 36, 42, 43
――循環　52, 53

は 行

バアス党　57, 106, 107
パクス・アメリカーナ　15
パクス・デモクラティア　31
パクス・ブリタニカ　25
ハーグ和平会議　76
覇権(覇権国)　iv, 13, 14, 16, 17, 20, 24, 25, 28, 32, 50
覇権安定論　13, 24, 25, 51
ハサヴユルト協定　101
破綻国家指数(FSI)　96

ハードパワー　153
パトロン＝クライアント　88
バビロン捕囚　71
ハプスブルク家　1, 2
ハマス　57, 80
パリ講和会議　11
バルフォア宣言　72
パレスチナ解放機構（PLO）　73, 110
パレスチナ分割決議　72
パレスチナ紛争　70
パワーシェアリング
　　多極共存型——　128, 129
　　統合主義型——　129, 133
　　複合型——　128, 130-133
「東アジアの奇跡」　47
ヒューマン・ライツ・ウォッチ（HRW）
　　123, 144
病理的性格構造　8
比例代表制　9, 128
比例代表選挙制度　6
敏感性と脆弱性　26, 27
貧困削減戦略ペーパー（PRSP）　141, 142
貧困削減に資する経済成長　142
「貧困者の声」　142
「便乗」　13
ファシズム　7, 9
ファタハ　80
ファンド・フォー・ピース　96, 144
フェズ憲章　73
フォルト・ライン（戦争）　68, 69
複合型パワーシェアリング（CPS）　128, 130-133
不屈の自由作戦　57
フサイン＝マクマホン協定　71
武装解除・動員解除・社会復帰（DDR）
　　127, 128
フツ族　83, 84
ブラックホーク　85
ブラヒミ報告　110, 125
プラン（Plan）　144
フランス革命　4
フリーダムアジェンダ　57

フリーダムハウス　62, 140, 144
「フリーライド（ただ乗り）」　14
ブルドーザー革命　79
ブレトン・ウッズ体制　25, 45
プレビッシュ＝シンガー理論　46
『文明の衝突』　68
平和維持活動（PKO）　106
平和構築委員会（PBC）　126
「平和への課題」　109, 125
ペキンコンセンサス　53
ヘゲモニー　→覇権
ベーシック・ヒューマン・ニーズ（BHN）
　　137, 142
ヘルシンキ・ウォッチ　144
ヘルシンキ宣言　40
ベルファスト合意　132
ペレストロイカ　55
防衛的リアリスト　16
包括的開発の枠組み（CDF）　139
包括的貧困削減アプローチ　139
包括的平和指数　140
法的主権　2
報道の自由度ランキング　140, 144
法の支配・保安機構事務所（OROLSI）　127
方法論的個人主義　36
方法論的全体主義　36
法律家のパラダイム　115
保護する責任（R2P）　110, 111, 123
ポストモダン　42
ボスニア紛争　76, 78
母体死亡率　98
ボヘミア　1, 2
ポリアーキー　64, 156
ポリス　1
ホロコースト　74, 121

ま　行

マイノリティ　9
マーシャル・プラン　45
マーストリヒト条約　32
マネタリズム　138
満洲事変　9

169

ミュンヘン一揆　6
ミレニアム開発目標(MDGs)　141, 142
民族自決　133
民族浄化　112, 117
モガディシュの戦闘　85

や 行

ユグノー戦争　3
ユダヤ人　71, 72
輸入代替工業化戦略　46
ユーロ　32
抑止力　18, 20

ら 行

ランブイエ和平案(ランブイエ合意)　79, 132
リアリスト　12, 35, 39, 40
　攻撃的——　16, 17
　防衛的——　16
リアリズム　12, 13, 25, 27, 30, 31, 42, 52
リヴァイアサン　102
『リヴァイアサン』　4
理想主義　23

リベラリスト　27, 35
リベラリズム　23-26, 30-32, 52
リベラル制度論　30
領土権　2
ルネサンス　1
ルワンダ愛国戦線(RPF)　83, 84
冷戦(冷戦後)　19, 40, 41, 55, 60, 68, 70, 76, 102, 108, 111, 125
歴史的アプローチ　118
「歴史の終わり」　55, 59, 60
レンティア国家　94
レント　94
ロスチャイルド家　71
ローマ教皇　1
ローマ条約　32
ロンドン海軍軍縮会議　12

わ 行

ワシントン会議　11
ワシントン海軍軍縮条約　11
ワシントンコンセンサス　51, 53, 142
ワールド・ビジョン(World Vision)　144
湾岸戦争　94

人名索引

ア行

アイケンベリー，ジョン・G.　31, 155
アイディード，モハメッド・ファラ　85, 86
アクスワージー，ロイド　110
アクセルロッド，ロバート　29
アサド，バッシャール　105, 106
アサド，ハーフィズ　107
アナン，コフィ　106, 110, 111, 126, 139
アブラハム　71
アラファト，ヤセル　73
アルフォンソ，ホアン・P.　93
アンダーソン，ベネディクト　5
イエス　71
イグナティエフ，マイケル　117, 118, 120, 121
イゼトベゴヴィッチ，アリヤ　78
ウィルソン，ウッドロー　11
ウェラー，マーク　131
ウェント，アレクサンダー　35, 36
ウォーラーステイン，イマニュエル　47-50, 52
ウォルツ，ケネス　13-15, 27, 155
ウォルツァー，マイケル　115-117
ウォルフェンソン，ジェームズ　139
エリツィン，ボリス　55
緒方貞子　139
オスマン，アデン・アブドゥラ　85
オニール，ジム　148
オバマ，バラク　19, 154
オルメルト，エフード　74

カ行

カガメ，ポール　84
カーター，ジミー　73
カダフィ，ムアンマル　105, 108
カプラン，モルトン　12
ガリ，ブトロス　78, 109, 125
ガルトゥング，ヨハン　52, 125
カント，イマニュエル　36
キッシンジャー，ヘンリー　12
ギャディス，ジョン・L.　15, 19, 51, 154, 157
キャロサー，トーマス　61, 62, 90
キャンベル，デヴィッド　44
クシュネル，ベルナール　143
クーノ，ヴィルヘルム　6
クラズナー，スティーヴン・D.　24, 27
クラフチュク，レオニード　55
クリントン，ビル　73, 78
クロツ，アウディ　38
グロティウス，フーゴー　3
ゲッデス，バーバラ　89
ゲルナー，アーネスト　6
コシュトニツァ，ヴォイスラヴ　79
コスイギン，アレクセイ　29
コヘイン，ロバート　26-29
コリアー，ポール　97, 100
ゴルバチョフ，ミハイル　55

サ行

ザカリア，ファリード　63, 153
サダト，アンワル　73
サルコジ，ニコラ　84
サンデル，マイケル・J.　136
シェルマルケ，アブディラシッド・アリー　85
シッキンク，キャスリン　39
シュシケビッチ，スタニスラフ　55
ジョンソン，リンドン　29
シンガー，ピーター　142
スタイナー，ヒレル　142, 143
スティグリッツ，ジョセフ　138, 139
セン，アマルティア　58, 135-137, 139

タ行

ダイヤモンド，ラリー　60, 61
ダール，ロバート　63
ティトー，ヨシップ　76, 80
テオレル，ジャン　88
ドイッチュ，カール・W.　23
トゥジマン，フラニョ　76, 78
ドゥダエフ，ジョハル　101

ナ行

ナイ，ジョセフ　4, 26, 27
ナポレオン1世　4, 5
ニクソン，リチャード　12, 25
ネグリ，アントニオ　59, 60, 157
ノイマン，フォン　28
ノルテ，エルンスト　7

ハ行

ハク，マブーブル　137
ハース，エルンスト・B.　23
バダンテール，ロベール　76
バディ，ベルトランド　31
ハデニウス，アクセル　88
ハート，マイケル　59, 60, 157
ハビャリマナ，ジュベナール　83, 84
バラク，エフード　73
バルフォア，アーサー　71
バーレ，シアド　85
バーンスタイン，ウィリアム・J.　93
ハンティントン，サミュエル・P.　60, 68-70, 80
ビジムング，パストゥール　84
ヒトラー，アドルフ　7-9
ヒンデンブルク，パウル・フォン　7
フィネモア，マーサ　39
フェルディナント2世　1
フォード，ジェラルド　12
フクヤマ，フランシス　55, 56, 69
フサイン，シャリーフ　71
フセイン，サダム　19, 57
プーチン，ウラジーミル　101

ブッシュ，ジョージ・W.　18, 19, 51, 56, 57, 59, 120
ブラヒミ，ラフダール　110
フリードマン，ミルトン　138
プレビッシュ，ラウル　46, 49
ブレマー，イアン　151-153, 155
フロム，エーリッヒ　8, 9
ベギン，メナヘム　73
ベブラウイ，ハゼム　94
ボーダン，ジャン　3
ポッゲ，トーマス　143
ホッブズ，トーマス　4, 35, 36, 102
ホフマン，スタンレー　12
ホーフラー，アンケ　97, 100
ホルスラグ，ジョナサン　53
ホロウィッツ，ドナルド・L.　129

マ行

マキャヴェリ，ニッコロ　3
マクナマラ，ロバート　18
マリアム，メンギスツ・ハイレ　85
ミアシャイマー，ジョン・J.　15, 16, 30, 155
ミロシェヴィッチ，スロヴォダン　77-79, 112, 113
ムッソリーニ，ベニート　7
ムハンマド　71
ムハンマド，アリ・マフディ　85, 86
モーゲンソー，ハンス　12, 24
モルゲンシュテルン，オスカー　28

ラ行，ン

ラギー，ジョン・G.　28
ラセット，ブルース　31
リカード，デヴィッド　46
リシュリュー，アルマン・ジャン・デュ・プレシ・ド　2
ルチアーニ，ジアコモ　94
ルナン，エルネスト　6, 80
レイティン，デヴィッド　87
レイプハルト，アレンド　129
レーガン，ロナルド　73

172

レーニン,ウラジーミル　72
レノ,ウィリアム　87
ローズクランス,リチャード　12

ロック,ジョン　35
ロールズ,ジョン　136,142
ンタリャミラ,シプリアン　84

福富満久

1972年生まれ．早稲田大学政治経済学部政治学科卒業．同大学大学院政治学研究科博士課程およびフランス・パリ政治学院国際関係学 Ph.D. コース修了（博士 政治学，Ph.D. 国際関係学）．財務省所轄財団法人国際金融情報センター中東部兼アフリカ部主任エコノミスト，青山学院大学総合文化政策学部非常勤講師，2012年より一橋大学大学院社会学研究科地球社会研究専攻准教授（国際政治学・国際関係論），2015年同教授．
主な著作に，『中東・北アフリカの体制崩壊と民主化——MENA市民革命のゆくえ』（岩波書店，2011年），*L'autoritarisme dans la structure politico-économique internationale*, Dictus Publishing, 2012 など．

国際平和論　　　　　　岩波テキストブックス
2014年9月26日　第1刷発行
2022年11月4日　第3刷発行

著　者　福富満久
　　　　ふくとみみつひさ

発行者　坂本政謙

発行所　株式会社 岩波書店
　　　　〒101-8002 東京都千代田区一ツ橋 2-5-5
　　　　電話案内 03-5210-4000
　　　　https://www.iwanami.co.jp/

印刷・精興社　カバー・半七印刷　製本・松岳社

© Mitsuhisa Fukutomi 2014
ISBN 978-4-00-028912-2　　Printed in Japan

【岩波テキストブックス】

国 際 倫 理 学	リチャード・シャプコット 松井・白川・千知岩 訳	A5判 318頁 定価 3630円
国 際 機 構 新版	庄司克宏 編	A5判 264頁 定価 3080円

ロールズ政治哲学史講義 I・II	サミュエル・フリーマン編 齋藤純一 ほか訳	岩波現代文庫 定価 I 2068円 　　 II 2002円

――――― 岩波書店刊 ―――――

定価は消費税10％込です
2022年11月現在